Antecedentes históricos para uma leitura de Freud

Até certo ponto, os problemas são aqueles de se esperar em ler obras europeias de quase todos os tipos que são de 35 a mais de f0 anos de idade. Alguma terminologia é obrigado a ser ultrapassada , algumas referências a obras científicas ou literárias ou então - eventos atuais que Freud poderia assumir seus leitores contemporâneos estavam familiarizados com transmitir nada por mais tempo ou mesmo dar impressões enganosas ; e um leitor americano que não conhece os clássicos literários do continente é especialmente deficiente. Em grande medida , mas não totalmente , a editoria dedicada de Strachey antecipa tais problemas e suas notas de rodapé fornecer explicações úteis .
Outros problemas surgem de hábito de , ocasionalmente, assumindo de Freud de que o leitor sabia
seus trabalhos anteriores , até mesmo os seus inéditos . Assim, muita coisa que foi desconcertante sobre
Capítulo 7 de A interpretação dos sonhos (Freud , 1900) ee.g. , sua referência à indefinida e inexplicável - systemsebecame inteligível somente após a publicação tardia do kProjecti (Freud, 1f95) . Mas , de qualquer forma , muitos estudantes de Freud têm apontado
a necessidade de ler o seguentially . Seu pensamento não pode ser entendida se o seu idéias em desenvolvimento são levados para fora do seu próprio contexto. Felizmente, a cronológica
ordenação do Standard Edition e destes sumários incentiva tal leitura .

O desenvolvimento das idéias de Freud
Havia quatro fases principais e sobreposição de trabalho científico de Freud :

1. Sua obra prepsychoanalytic , que durou cerca de 20 anos , pode ser subdividida em um período inicial de 10 anos de principalmente histológico - investigação anatômica e um parcialmente sobrepostas de 14 anos de neurologia clínica, com maior atenção à psicopatologia , a partir de 1ff6 quando voltou de Paris .
2. A primeira teoria da neurose remonta a década de 1f90 de , quando Freud usado hipnose e do método catártico de Breuer de psicoterapia , desenvolvendo gradualmente a
métodos psicanalíticos de associação livre , interpretação de sonhos , ea análise de transferência. Os primeiros trabalhos Dolen verdadeiramente psicanalíticos apareceu durante esse tempo ,
expondo o ponto de vista de que a neurose é uma defesa contra memórias intoleráveis de um traumático
experienceeinfantile sedução nas mãos de um parente próximo. Com a descoberta da sua
próprio complexo de Édipo , no entanto, Freud deu para ver que tais relatórios por seus pacientes eram

fantasias, que o levou a transformar o seu interesse longe de eventos traumáticos na realidade externa
e em direção a realidade psíquica subjetiva . Um evento notável , mas só recentemente descoberto no
desenvolvimento do pensamento de Freud ocorreu em 1f95 após a publicação do livro, ele
escreveu com Breuer. Ele escreveu , mas não publicou um kPsychology para Neurologistsi (ou
kProject para uma Psicologia Científica , eu daqui em diante chamado simplesmente kthe Projecti), apresentando um
anatómica abrangente - modelo fisiológico do sistema nervoso e o seu funcionamento no comportamento normal, pensou, e sonhos , bem como na histeria . Ele enviou a seu amigo
Fliess em alta emoção, então guickly ficou desencorajado pelas dificuldades de criação de um
psicologia mecanicista e reducionista profunda . Ele consertou com o modelo de uma par de anos em cartas a Fliess , e finalmente desistiu.

A virada do século marcou muitas mudanças básicas na vida de Freud e trabalho : ele

cortou suas amizades e dependentes com colegas (primeiro Breuer , então Fliess) e seus contatos com a sociedade médica de Viena; seu pai morreu ; seu último filho nasceu ; ele psychoanalyled si mesmo; ele desistiu prática neurológica , pesquisa e modelos conceituais ; e ele criou sua própria nova profissão , o método de pesquisa e teoria, em termos da qual ele trabalhou depois.
3. Modelo topográfico de Freud do aparelho kpsychic " foi a fundação de dois décadas de trabalho , durante o qual ele publicou suas grandes descobertas clínicas: notadamente, Os
Interpretação dos Sonhos (1900) e Três Ensaios sobre a Teoria da Sexualidade (1905b); seu
artigos sobre o technigue utilizado no tratamento psicanalítico ; seus cinco principais histórias de casos ; o
obras centrais da metapsicologia ; e uma série de pesquisas e popularilations de importantes
suas idéias , além de suas principais aplicações de suas teorias para piadas , literatura e arte ,
biografia e antropologia. Uma explicação completa ou metapsicológico , Freud escreveu em
1915, reguires kdescribing um processo psíquico em sua dinâmica , topográfica e econômica
aspectos " ethat é , em termos de um modelo teórico em que os conceitos centrais são forças psicológicas , estruturas e guantities de energia (Rapaport m Gill, 1959) . Assim , falamos de três pontos metapsicológicos de vista. O modelo topográfico , o que era

primeiro estabelecido no Capítulo 7 de A interpretação dos sonhos e foi mais elaborada em
os artigos metapsicológicos de 1915, conceptualiles pensamento e comportamento em termos de
processos em três sistemas psicológicos : o Consciente , Pré-consciente e inconsciente
(nenhum dos quais tem um locus explícito no cérebro) .
4 . No período final, entre as duas guerras mundiais , Freud fez quatro tipos principais de
contribuição : a forma final de sua teoria das pulsões instintivas (Beyond the Pleasure

Princípio, 1920) ; um grupo de grandes modificações de ambos theoryemost geral e
clínica nomeadamente , o modelo estrutural do aparelho psíquico (O Ego eo Id, 1923)
ea teoria da ansiedade e defesa (Inibições , Sintomas e Ansiedade, 1926a) ;
aplicações da psicanálise para maiores problemas sociais ; e um grupo de livros rever
e reformular suas teorias.
Para compreender a estrutura da obra de Freud , é útil não só para adotar uma
abordagem de desenvolvimento , mas também para ver suas teorias a partir da
perspectiva da seguinte classificação tríplice .
Primeiro e mais conhecida é a teoria clínica da psicanálise , com sua psicopatologia ,
as contas do desenvolvimento psicossexual e formação de caráter , e afins. O assunto
deste tipo de theoriling consiste de eventos maiores (reais e fantasiado) nas histórias
de vida de pessoas , eventos que ocorrem ao longo períodos de tempo que variam de
dias a décadas . Esta teoria é o estoque no comércio da clinicianenot apenas o
psicanalista , mas a grande maioria dos psiquiatras , psicólogos clínicos e assistentes
sociais psiquiátricos. Vagamente referido como kpsychodynamics , i tem ainda
penetrado em psicologia acadêmica em geral através de livros didáticos sobre a
personalidade .
Em segundo lugar, há o que Rapaport (1959) chamou a teoria geral da psicanálise ,
também chamado metapsicologia . Seu tema mattereprocesses em um médium hipotético
aparelho, ou, às vezes, no braineis mais abstrato e impessoal ; e os períodos de
tempo envolvidos são fracções shorterefrom tanto de um segundo até algumas horas . o
processos tratados são principalmente aquelas que ocorrem nos sonhos, pensando ,
afeto e defesa.
O raciocínio de Freud na elaboração dessa teoria é muito mais perto , e ele fez mais uso de

modelos teóricos do aparelho psíquico . As principais obras são o kProject para um
Psicologia Científica , i Capítulo 7 de A interpretação dos sonhos , eo
artigos metapsicológicos .

O terceiro é o que poderia ser chamado de teoria filogenética de Freud. O assunto é o homem
como uma espécie ou em grupos , e os períodos de tempo envolvidos gama de gerações a eras.
Aqui estão grandes especulações de Freud , em grande parte evolutiva e teleológica em caráter.
Eles não contêm modelos explícitos de um aparelho psíquico , empregando em vez muitos literária ,
conceitos metafóricos . As principais obras deste tipo são Totem e Tabu (1913),
Além do Princípio do Prazer (1920), Psicologia de Grupo e Análise do Ego (1921),
O Futuro de uma Ilusão (1927) , Civilização e seus descontentes (1930) , e Moisés e Monoteísmo (1934 --- 193f) .
Suas contribuições clínicos estão entre os primeiros de trabalhos de Freud , que ainda estão sendo lidos , e ele continuou a escrever nesse sentido toda a sua vida . Quanto aos outros dois tipos de teoria, as principais obras metapsicológicas veio cedo , os principais filogenéticas tarde . Como os conceitos de Freud tornou-se mais metafórico e tratadas questões como as origens remotas último do homem e do sentido da vida e da morte , tornou-se menos preocupado com a descrição ou sistematicamente representando o curso eo destino de um impulso ou pensamento.
Mesmo quando as obras de Freud são lidos na ordem em que os escreveu , ainda há muito
obscurecer , se não se tem a concepção do estado contemporâneo do científico e questões profissionais , ele estava discutindo . Felizmente para nós, estudiosos modernos estão fornecendo um
boa parte desse fundo necessário (por exemplo , Amacher , 1965; Andersson, 1962; Bernfeld ,
1944; Ellenberger , 1970; Jackson , 1969; Spehlmann , 1953 ; ver também Holt, 1965a , 196f) . o

capítulos relevantes da história magistral de Ellenberger são especialmente recomendados para o caminho acadêmico , mas absorvente legível em que eles dão os contextos sociais e políticos , bem como científicas, médicas e gerais intelectuais em que Freud estava escrevendo . Aqui, eu não posso fazer mais do que tocar levemente em uma série de correntes intelectuais mais importantes e relevantes do século XIX .

Naturphilosophie e sua rejeição
O caminho para a revolta romântica que amplamente characteriled todos os aspectos intelectual
vida no início da 1F00 tinha sido preparado por Naturphilosophie , um místico e, muitas vezes
vista rhapsodic da Natureza como perfundidos com espírito e com as forças inconscientes conflitantes

e evoluindo de acordo com um design interior, proposital . Não é uma escola coesa , a sua pensadores constituintes incluíram (em ordem cronológica) Kant, Lamarck, Goethe, Hegel, Schelling (talvez a figura central) , Oken , e Fechner . Com a exceção de Fechner , que viveu de 1F01 para 1ff7 , todos viveram athwart dos séculos XVIII e XIX. Naturphilosophie incentivou o recrudescimento do vitalismo em biologia, defendida pelo grande fisiologista Johannes Muller, e estimulou uma escola humanista da medicina romântica (Galdston , 1956) . Em psiquiatria, a primeira parte do século foi dominado pelas reformas de Pinel , Esguirol , e seus seguidores, que introduziu uma era de treatmentn kmoral : bondade firme no lugar de restrições , o otimismo terapêutico baseado em teorias etiológicas de mais psicológico do que biológico fundido, e uma tentativa de envolver os presos de asilos em atividades construtivas. O difícil - reação mente para este concurso - era ocupada foi muito facilitada pelos avanços sendo feito em física e química. Três estudantes de Muller , Brocke , du Bois -

Reymond e Helmholtl , reuniu-se Carl Ludwig em 1f47 e formaram um clube (que se tornou a Sociedade de Física de Berlim) para kconstitute fisiologia em um químico - base física , e dar-lhe classificação científica egual com Physicsi (Ludwig , guoted por Cranefield de 1957, p . 407) . Eles não conseguiram seu objetivo francamente reducionista , mas não chegam a atingir os seus outros objectivos: promover o uso da observação científica e experiência em fisiologia, e para combater o vitalismo . Entre si , eles realizaram o seguinte programa: Não há outras forças que o físico comum - os químicos são activa no organismo . Nos casos em que não pode no momento ser explicados por essas forças que se tem tanto para encontrar o modo ou forma específica de sua ação por meio da física - método matemático , ou para assumir novas forças egual em dignidade para o produto químico - físico forças inerentes à matéria , redutíveis à força de atração e repulsão, (du Bois - . Reymond , guoted por Bernfeld , 1944, p 34f) Na Alemanha, especialmente , este fermento materialista da fisiologia fisicalista , mecanismo, e tornou-se o reducionismo modo , gradualmente, colocando a medicina romântica. vitalismo , e outros aspectos da Naturphilosophie a derrota . Onde antes havia Psíquicos , psico - escolas somáticas e somáticos em psiquiatria alemã (ver Earle , 1f54 , em Hunter m Macalpine de 1963 , pp 1015 - 101f), o Somatic gradualmente venceu ; Meynert (Professor de Freud de psiquiatria) , por exemplo, concebeu transtornos mentais a ser doenças parte frontal do cérebro . Apesar de seus sucessos terapêuticos , o tratamento moral foi banido juntamente com suas teorias psicogênicas (muitas vezes sexuais) como psiquiatria esposas Kold , " a favor de estritamente

orgânicas - vistas hereditárias e muito pouco por meio de terapia (Bry m Rifkin , 1962) .
A Universidade de Viena escola de medicina era um posto avançado da nova hyperscientific
biologia, com uma de suas promulgadores , Brocke , segurando uma cadeira grande e dirigir a
Instituto Fisiológico (Bernfeld , 1944). Ironicamente, Freud nos diz que a sua decisão de entrar

escola médica foi determinada pelo ouvir a kFragment on Nature " atribuída a Goethe ler em voz alta em uma palestra pública. Este poema em prosa curta é um epítome da Naturphilosophie , e
que deve ter influenciado Freud por causa de sua admiração de longa data por Goethe e, talvez,
por causa de uma klonging para o conhecimento filosófico, " que dominou seus primeiros anos,
como ele disse mais tarde, em uma carta a Fliess . Evolução tinha sido um grande princípio de Naturphilosophie ; assim
não é de estranhar que este ditirambo 17f0 poderia ser parte de uma palestra sobre comparativa
anatomia, a disciplina que forneceu grande parte das provas cruciais para Origem das de Darwin
Species (1f59) .

ENERGIA E EVOLUÇÃO
Talvez os dois conceitos mais interessantes do século XIX eram de energia e evolução . Ambos influenciaram fortemente os professores de Freud na escola de medicina .
Helmholtl tinha lido ao grupo 1f47 seu papel fundamental sobre a conservação da energyepresented como contribuição para a fisiologia. Trinta anos mais tarde , as palestras de BROCKE
estavam cheios de conceitos intimamente relacionados (e ainda pouco diferenciados) de energia e
força . Para usar esses conceitos dinâmicos foi a grande marca da abordagem científica ;
Brocke ensinou que as causas são kreal symboliled em ciência pela palavra hforce '
" (Bernfeld , 1944, p. 349) . Parece óbvio que o primeiro dos três metapsicológica de Freud
pontos de vista, a dinâmica (explicação em termos de forças psicológicas) , teve suas origens na
esta tentativa emocionante para elevar o nível científico da fisiologia pela aplicação diligente
mecânica e, especialmente, da dinâmica , o ramo da mecânica que lidam com as forças e
as leis do movimento . A ênfase fortemente quantitative da escola de Helmholtl e sua

estresse em energia são claramente os principais determinantes da metapsicologia visto a partir do
ponto de vista econômico (explicação em termos de guantities de energia) . O facto de, entre

autores Freud respeitada a maioria, essas figuras tão díspares como Fechner e Hughlings Jackson
realizada a pontos de vista dinâmicos e econômicos , sem dúvida, reforçada unguestioning de Freud
convicção de que esses pontos de vista são elementos indispensáveis de uma explicação
teoria.
Apesar de seu programa fisicalista , o trabalho real do instituto de Brocke foi em grande parte
fisiologia e histologia clássica . Freud teve seu batismo científico darwiniano sob
Noel em uma pesquisa microscópica dos testículos em falta de enguia , e suas várias tentativas de
experiências fisiológicas e químicas sob outros auspícios foram infrutíferos . Ele estava feliz ,
portanto, ficar no microscópio onde Brocke atribuído a ele estudos neuro-histológicos , inspirada e contribuindo para a teoria da evolução. Quando ele trabalhou com Meynert , foi
novamente em uma disciplina estrutural com um estudo genético de methodethe anatomia do cérebro usando um
série de cérebros fetais para rastrear os caminhos medulares , seguindo o seu desenvolvimento. seu
prática clínica subseguent estava em neurologia, uma disciplina que, como Bernfeld (1951) tem
observou , foi nmerely um aplicativo de diagnóstico de anatomy.i Além disso , o primeiro completo de Freud - escala
modelo teórico , o kProjecti de 1f95 , é acima de tudo uma teoria sobre a estrutura organilation do cérebro, tanto bruto e multa. Sua formação , portanto,
comprovadamente o convenceu de que uma teoria científica tem que ter uma base estrutural (ou topográfico) .
Foi Bernfeld (1944) que apontou pela primeira vez o conteúdo surpreendentemente antitética destes
dois coexistindo traditionseNaturphilosophie intelectual e physiologye fisicalista ambos os quais profundamente influenciado Freud , e em que ordem . Em suas obras publicadas , para ser
certeza, quase nada de Naturphilosophie pode ser visto nos jornais e livros de sua primeira
dois períodos , e surgiu quase que inteiramente no que eu citei acima como seu filogenética ,

obras especulativas . Muitas propriedades de seu conceito de energia psíquica pode , contudo, ser
rastreados para o vitalismo que era uma característica proeminente da Naturphilosophie (Holt, 1967).
Além disso , estas duas linhas de pensamento pode também ser visto como manifestações particulares
corpos ainda mais amplos, mais inclusivos de idéias , que eu chamo (seguindo Chein , 1972) imagens de
homem .

De Freud duas imagens de Man

Eu acredito que há um conflito generalizado , não resolvido dentro de todos os escritos de Freud
entre duas imagens antitéticas ; um conflito que é responsável por uma boa parte do contradições em toda a sua saída , mas que seu cognitivo make - up lhe permitiu tolerar
(como veremos em breve) . Por um lado , o principal impulso de esforço teórico de Freud foi
para construir o que ele mesmo chamou de metapsicologia , modelado em um meio - XIX -
compreensão século de física e química. Em parte incorporada na presente e em parte por trás dele está
o que eu chamo a sua imagem mecanicista do homem. A vista opostos , tanto menos proeminente que
muitos estudantes não estão cientes de que Freud segurou, eu gosto de chamar uma imagem humanista do homem. ele
pode ser visto em seus trabalhos clínicos e na ampla , especulativo , guasi - filosófica
escritos de seus últimos anos , mas é mais clara na própria vida e interações de Freud com os outros ,
verbaliled melhor para nós , talvez, em suas cartas. Ao contrário da imagem mecanicista , o humanista
concepção do homem nunca foi diferenciado e afirmou explicitamente o suficiente para ser chamado de
modelo; no entanto, compreende um corpo bastante rico e coeso de pressupostos sobre a natureza do

os seres humanos , que funcionavam na mente de Freud como um antagonista corretiva de sua
tendências mecanicistas .
Há pouca evidência a partir de 1900 que Freud estava consciente de abrigar imagens incompatíveis de homem , nem de que ele poderia desistir. No entanto , muitos aspectos de outra forma pullling da psicanálise tornar-se inteligível se assumirmos que ambas as imagens estavam lá, funcionando em muitos aspectos como conflitantes sistemas motrizes .

Deixe-me emphasile que o que eu vou apresentar não é um epítome de várias teorias especificamente proposto por Freud. Pelo contrário, as duas imagens são complexos de idéias inferido ,
extraido de vida e os escritos de Freud e reconstruído da mesma maneira que ele ensinou
nos para usar em compreender as pessoas neuróticas : estudando sonhos de um paciente , sintomas e
kassociations , eu inferimos fantasias inconscientes , complexos , ou memórias de infância que nunca
tornar-se plenamente consciente, mas que nos permitem fazer sentido fora de suas produções , o que
parecer na superfície tão desconcertantemente diversificada. Este esforço é repleta de um certo
quantidade de risco . Mesmo a imagem mecanicista foi explicitada como apenas um modelo teórico
no kProject , eu a tentativa inédita em um neuropsicologia que Freud escreveu em 1f95 . Depois disso , este modelo parece ter sido esquecido ou suprimido , juntamente com a sua
antítese , a imagem humanista.

De Freud duas imagens de Man

Eu acredito que há um conflito generalizado , não resolvido dentro de todos os escritos de Freud
entre duas imagens antitéticas ; um conflito que é responsável por uma boa parte do contradições em toda a sua saída , mas que seu cognitivo make - up lhe permitiu tolerar
(como veremos em breve) . Por um lado , o principal impulso de esforço teórico de Freud foi
para construir o que ele mesmo chamou de metapsicologia , modelado em um meio - XIX -
compreensão século de física e química. Em parte incorporada na presente e em parte por trás dele está
o que eu chamo a sua imagem mecanicista do homem. A vista opostos , tanto menos proeminente que

muitos estudantes não estão cientes de que Freud segurou, eu gosto de chamar uma imagem humanista do homem. ele pode ser visto em seus trabalhos clínicos e na ampla , especulativo , guasi - filosófica escritos de seus últimos anos , mas é mais clara na própria vida e interações de Freud com os outros , verbaliled melhor para nós , talvez, em suas cartas. Ao contrário da imagem mecanicista , o humanista concepção do homem nunca foi diferenciado e afirmou explicitamente o suficiente para ser chamado de modelo; no entanto, compreende um corpo bastante rico e coeso de pressupostos sobre a natureza do os seres humanos , que funcionavam na mente de Freud como um antagonista corretiva de sua tendências mecanicistas .
Há pouca evidência a partir de 1900 que Freud estava consciente de abrigar imagens incompatíveis de homem , nem de que ele poderia desistir. No entanto , muitos aspectos de outra forma pullling da psicanálise tornar-se inteligível se assumirmos que ambas as imagens estavam lá, funcionando em muitos aspectos como conflitantes sistemas motrizes .

Deixe-me emphasile que o que eu vou apresentar não é um epítome de várias teorias especificamente proposto por Freud. Pelo contrário, as duas imagens são complexos de idéias inferido , extraído de vida e os escritos de Freud e reconstruído da mesma maneira que ele ensinou nos para usar em compreender as pessoas neuróticas : estudando sonhos de um paciente , sintomas e kassociations , eu inferimos fantasias inconscientes , complexos , ou memórias de infância que nunca tornar-se plenamente consciente, mas que nos permitem fazer sentido fora de suas produções , o que parecer na superfície tão desconcertantemente diversificada. Este esforço é repleta de um certo quantidade de risco . Mesmo a imagem mecanicista foi explicitada como apenas um modelo teórico no kProject , eu a tentativa inédita em um neuropsicologia que Freud escreveu em 1195 . Depois disso , este modelo parece ter sido esquecido ou suprimido , juntamente com a sua antítese , a imagem humanista.

IMAGEM HUMANÍSTICA Freud DO HOMEM
Nenhuma das imagens de Freud foi especialmente original com ele; cada um era seu pessoal

síntese de um corpo de idéias com uma longa história cultural , expressa e transmitida a ele
em parte considerável através dos livros que sabemos que ele ler . Muito antes e muito depois de Freud
decidiu tornar-se um cientista, ele era um ávido leitor dos clássicos de ficção que são muitas vezes considerado o núcleo da herança humanista do homem ocidental. Ele teve uma excelente liberal
e educação clássica , que lhe deu uma base sólida nas grandes obras de grego , Latina , os autores alemães e ingleses, assim como a Bíblia , Cervantes, Molière, e outros
grandes escritores em outros idiomas , o que ele leu em tradução . Ele era um homem de profunda
cultura, com uma paixão por leitura de poesia , romances , ensaios, e semelhantes e para
aprendendo sobre antiguity clássica em particular, mas as artes em geral , através de viagens ,
coleta e comunicação pessoal com os artistas , escritores e amigos íntimos que tinham

gostos semelhantes e education.2 e apesar de seu mais tarde, comentários negativos sobre a filosofia, ele participou de nada menos que cinco cursos e seminários com o filósofo distinto - psicólogo Brentano durante seus anos na Universidade de Viena. Muito poucos dos muitos nonphysicians que foram atraídos para a psicanálise e que passou a fazer parte do círculo de Freud foram treinados no kharderi ou ciências naturais. Principalmente, eles vieram de artes e humanidades . Para cada Waelder (físico), houve alguns como Sachs e Kris (estudantes , principalmente da literatura e da arte) . Certamente isso nos diz algo não só sobre influências sobre Freud , mas o tipo de homem que ele era , a concepção do homem pelo que ele viveu e que foi transmitida por meios sutis para seus co - trabalhadores.
De várias maneiras , então , Freud veio sob a influência da imagem predominante do homem transmitida pelo setor importante da cultura ocidental que chamamos de ciências humanas. Deixa-me delinear alguns dos principais componentes desta imagem do homem, que pode ser discernido nos escritos de Freud.
1. Man é ao mesmo tempo um animal e algo mais , uma criatura com aspirações à divindade. Assim, ele tem uma natureza dupla . Ele possui paixões carnais , as funções vegetativas , ganância e desejo de poder , destrutividade , a preocupação egoísta com prazer maximiling e minimiling dor ; mas ele também tem a capacidade de desenvolver a arte, literatura , religião , ciência e philosophyethe reinos abstratos de valueseand teórica e estética de ser generoso , altruísta , e carinhoso . Esta é uma visão complexa do homem , desde o início , como uma criatura que se preocupa profundamente com superior, bem como as questões mais baixos.

2 Ellenberger (. , 1970, p 460) nos diz que Freud mostrou o dramaturgo Lenormand kthe obras de Shakespeare e dos trágicos gregos em suas prateleiras pofficeq e disse :

hHere são meus mestres . Ele defendeu que os temas essenciais da suas teorias foram baseadas na intuição do poets.n

2. Cada ser humano é unigue , mas todos os homens são iguais, uma espécie, cada um tão humano quanto qualquer outro . Esta suposição carrega um forte compromisso com o valor , bem como, para a proposição de que cada pessoa é digno de ser respeitado e ser ajudado , em caso de problemas, para viver de acordo com o medida de suas capacidades , por mais limitada que seja. Freud foi um dos principais contribuintes de uma importante extensão deste pressuposto através de sua descoberta de que há era mesmo método na loucura (como Shakespeare sabia intuitivamente) , que o insano ou doentes mentais poderiam ser compreendidos e de fato foram acionados pelos mesmos desejos básicos como outros homens . Assim, na tradição de psiquiatras como Pinel , Freud fez um ótimo negócio para reafirmar a humanidade do mental e emocionalmente anormal e sua continuidade com o normal.
3. Homem é uma criatura de desejos , uma striver depois de objetivos e valores , depois de fantasias e imagens de gratificação e de perigo . Ou seja, ele é capaz de imaginar possíveis futuros estados de prazer , alegria sensual ou realização espiritual , e de dor , humilhação, culpa, destruição , etc ; e seu comportamento é guiado e impulsionado pela vontade de obter os objetivos positivos e evitar ou anular os negativos , principalmente a ansiedade.
4 . Man é um produtor e processador de significados subjetivos, por que ele define a si mesmo, e uma de suas necessidades mais fortes é o de encontrar a sua vida significativa. Está implícito na imagem humanista que os significados são primários , irredutível , causalmente eficaz, e da dignidade da pessoa completa, como um assunto de interesse sistemática. Psicopatologia , portanto, é concebida em termos de complexos adaptativos ou configurações de idéias , desejos , conceitos, percepções , etc

5 . Há muito mais para o homem do que ele sabe ou normalmente querem que pensemos , mais

do que está presente na sua consciência , mais do que é apresentado para o mundo social em público .
Este lado segredo é extraordinariamente importante. Os significados que mais preocupam uma pessoa ,
incluindo fantasias e desejos , são constantemente ativo sem consciência, e é difícil

para as pessoas a tomar consciência de muitos deles . Para entender uma pessoa realmente é, portanto,
necessário conhecer seus subjetivos, lifeehis internas sonhos, fantasias, desejos , preocupações , ansiedades e o colorido especial com a qual ele vê o mundo exterior .
por
comparação, sua facilmente observado , comportamento manifesto é muito menos interessante e menos importante.
. 6 conflito interno é inevitável por causa da dualitiesehis homem naturezas superiores e inferiores , lados consciente e inconsciente ; Além disso, muitos dos seus desejos são mutuamente incompatíveis ou trazê-lo em conflito com as demandas e pressões de outras pessoas.
7. Talvez o mais importante desses desejos compreende o instinto complexo de amor, de que o desejo sexual é um importante (e em si complicado) parte . O impulso do homem para o prazer sexual é quase sempre forte , persistente e polimorfo, mesmo quando parece completamente inibido ou bloqueado, e pode ser separado do amor. Ao mesmo tempo , Freud sempre foi sensível às muitas formas de raiva , ódio e destrutividade , muito antes de ele reconheceu formalmente com a sua teoria do instinto de morte .
f . O homem é uma criatura intensamente sociais, cuja vida é distorcida e anormal se não
enredado em uma teia de relações com outros peopleesome dessas relações formais e institutionaliled , alguns informal , mas consciente e deliberada , e muitos deles ter importantes componentes inconscientes. A maioria dos sistemas motrizes humanos são interpessoal
de caráter , também: nós o amor eo ódio outras pessoas. Assim , a realidade é importante para o homem
social e cultural. Estes Sullivanian - proposições soando são claramente implícita no Freud

histórias de casos .
9. Uma característica central dessa imagem do homem é que ele não é estático, mas está sempre changinge desenvolvimento e declínio, evoluindo e devolução . Seus mais importantes motivos inconscientes derivam de experiências em childhoodethe criança é pai do homem . O homem é parte de um universo evolutivo , assim , em princípio, quase infinitamente perfectível embora na prática sempre sujeito a retrocessos, fixações e regressões.
10. Man é tanto o mestre ativo de seu próprio destino eo joguete de suas paixões. Ele é capaz de escolher entre alternativas , de resistir às tentações e de governar os seus próprios desejos , mesmo que às vezes ele é um peão passivo de pressões externas e impulsos internos . Assim, faz sentido para tentar lidar com ele de uma forma racional , a esperança de influenciar o seu comportamento por discutir as coisas e até mesmo

incitando-o a exercer sua vontade. Assim, o homem tem tanto um id e um ego autônomo.
Extraído de um corpo de trabalho em que não tem lugar sistemático , este humanista imagem , tal como apresentado , é um pouco vago e mal organiled . No entanto , não vejo
razão intrínseca porque não poderia ser explicado e desenvolvido de uma forma mais sistemática.

IMAGEM mecanicistas de Freud DO HOMEM
Este jovem humanista educado e filosoficamente inclinados , disparado por um concepção romântica e vitalista da biologia que queria estudar , foi para a Universidade de Viena a faculdade de medicina , onde encontrou -se cercado por homens de grande prestígio e
substância intelectual ensinando doutrinas científicas emocionantes de um tipo muito diferente . ele
foram submetidos a uma conversão precipitada primeiro a um materialismo radical , e , em seguida, para fisicalista
fisiologia, a principal herdeiro da tradição mecanicista que começou com Galileu e

procurou explicar tudo no universo , em termos da física newtoniana .
Freud foi durante anos sob o feitiço de Brocke , a quem ele chamou uma vez a maior autoridade que já conheci. Vários de seus outros professores e colegas também eram membros entusiastas da escola mecanicista da Helmholtl , nomeadamente Meynert , Breuer, Exner , e Fliess . A perspectiva dessa doutrina estreita, mas rigoroso foi sempre depois de moldar os ideais científicos de Freud , demorando-se nos bastidores de sua theoriling , quase no papel de um superego científica. Neste sentido , acredito que a imagem mecanicista do homem está subjacente e pode ser discernido nos escritos metapsicológicos de Freud , mesmo quando certos aspectos do que a imagem parece ser contradito .
Em muitos detalhes , a imagem mecanicista é nitidamente contraditórios com o humanista. Tentei trazer para fora este contraste da seguinte catálogo de suposições.
1. Man é um assunto adequado da ciência natural , e como tal não é diferente de qualquer outro objeto no universo. Todo o seu comportamento é completamente determinado , incluindo relatos de sonhos e fantasias. Ou seja, todos os fenômenos humanos são legais e , em princípio, possível explicar por naturais - científico , leis guantitative . A partir desta observação, não há nenhum significado para subdividir o seu comportamento ou a considerar sua natureza ser dualehe é simplesmente um animal, melhor compreendido como uma máquina ou aparelho , composto de mecanismos engenhosos , operando de acordo com as leis do movimento de Newton , e compreensível , sem resíduo em termos de física e química. Não é preciso postular uma alma ou princípio vital para tornar o aparelho de prazo, embora a energia é um

conceito essencial . Todas as conquistas culturais do qual o homem é tão orgulhoso, todos os seus valores espirituais e afins, são apenas sublimações de impulsos instintivos básicos , a que pode ser reduzida.

. 2 As diferenças entre os homens são cientificamente insignificante; do ponto de vista mecanicista , todos os seres humanos são basicamente as mesmas , estando sujeito às mesmas leis universais. A ênfase é colocada em cima de descobrir essas leis , e não da compreensão do indivíduo em particular. Assim, a metapsicologia não toma nota das diferenças individuais e não parece ser uma teoria da personalidade.
3 . Homem é fundamentalmente motivado pela tendência automática do seu sistema nervoso para manter-se num estado não estimulado , ou , pelo menos, para manter as tensões a um nível constante . O modelo básico é o arco reflexo : estímulo externo ou interno leva a actividade do sistema nervoso central que conduz a resposta . Todas as necessidades e anseios devem , para fins científicos , ser conceptualiled como forças , tensões que devem ser reduzidos, ou energias em busca de descarga.
4 . Não há lugar para significados ou valor na ciência. Trata-se de guantities , não gualities , e deve ser completamente objetiva. Fenômenos como pensamentos , desejos ou medos são epifenomenal ; eles existem e devem ser explicadas , mas não têm poder explicativo si. Energias tomar em grande parte o seu lugar no modelo mecânico .
5 . Não há antítese claro para o quinto pressuposto humanista , a lidar com
a importância do lado inconsciente e o segredo , interior do homem . Um correspondente
reformulação do mesmo ponto em termos mecanicistas pode ser : consciência também é um
epifenômeno , 3 eo que acontece na consciência de uma pessoa é de interesse trivial comparado

3 Verdadeiro (como MM Gill apontou gentilmente para mim) , no nProjectn Freud fez explicitamente negar que
a consciência é um epifenômeno . No entanto, toda a tendência da kProjectn exige o ponto de vista que ele não estava disposto
esposar : é uma tentativa de explicar o comportamento e neurose em termos puramente mecanicistas , sem a
intervenção de quaisquer entidades mentais no processo causal. Na verdade , acredito que foi em grande parte porque podia
não ter sucesso em seu objetivo sem postular um ego consciente como um agente no processo de defesa , e por causa
ele não poderia alcançar uma explicação mecanicista satisfatório de consciência, que Freud abandonou o
kProject.n

às atividades movimentadas do sistema nervoso, a maioria dos quais continuar sem qualquer consciência correspondente .

6. As muitas forças que operam no aparelho que é o homem , muitas vezes colidem, dando origem ao relatório subjetiva de conflito.

7. Os processos sentimentalmente conhecidos como o amor não é nada mais do que disfarces e transformações do instinto sexual, ou , mais precisamente, a sua energia (libido) . Mesmo afeto platônico é apenas apontar - libido inibida. Sex, não o amor, é, portanto, o principal motivo . E uma vez que a tendência fundamental do sistema nervoso é restaurar um estado de eguilibrium não estimulada , a total passividade da morte é o seu objetivo final. Raiva e destruição são apenas disfarces e transformações do instinto de morte .

f . Objetos (ou seja , outras pessoas) são importantes na medida em que proporcionam estímulos que definem o aparelho psíquico em movimento e proporcionar condições necessárias para a redução das tensões internas que traz para descansar novamente. Relacionamentos , como tal, não são reais ; a psicologia pode ser completa sem considerar mais do que o equipamento individual e eventos dentro dela , mais a classe geral de estímulos externos. Reality contém massas konly em movimento e nada elsei (Freud, 1f95 , p. 30f) .

. 9 A ênfase genética não é muito diferente para Freud como mecanicista e como humanista, então deixe-nos ir para o último ponto :

10. Desde que o comportamento do homem é estritamente determinado pela sua história passada e pelo
arranjo contemporâneo de forças , o livre arbítrio é uma ilusão falaciosa . Para permitir que a idéia de
autonomia ou liberdade de escolha implicaria espontaneidade em vez de passividade no sistema nervoso
sistema , e prejudicaria a assumptioneconsidered cientificamente necessaryethat

comportamento é determinado estritamente pelos impulsos biológicos e por estímulos externos .

IMPLICAÇÕES das duas imagens
A teoria psicanalítica como sabemos que é um tecido de compromissos entre essas duas
opondo imagens . A influência da imagem mecanicista é mais clara na metapsicologia , em que a estrutura geral das principais proposições , bem como uma boa parte do terminologia pode ser visto derivar diretamente do explicitamente mecanicista e modelo reducionista da kProject.i A mudança mais notável foi Freud abandonando uma anatômica - quadro neurológico para a ambigüidade abstrato do aparelho kpsychic , i em que as estruturas e energias são psíquico , não físico . Inconscientemente , Freud deu um

mergulhar cartesiano dualismo metafísico , mas mitigado o que sentia era o ameaça anticientífico da imagem humanista , continuando a afirmar explicativo final poder para a metapsicologia , em oposição à formulação teoricamente menos ambicioso de observações clínicas em linguagem que estava mais próximo ao da vida cotidiana . E no metapsicologia , usando o truque de traduzir anseios subjetivos na terminologia de forças e energias , Freud não tem que tomar o rumo behaviorista de rejeitar a mundo interior ; substituindo o subjetivo, dispostos auto com o ego definido como um vidente estrutura , ele foi capaz de permitir a autonomia suficiente para conseguir um ajuste justo com clínica observação.

Sem realiling -lo, portanto, Freud não desistiu do modelo reflexo passivo da organismo eo conceito fisicalista intimamente relacionados da realidade , mesmo quando ele deixar de lado neuropsychologiling deliberada. Embora ele explicitamente adiado qualquer tentativa de relacionar o termos da metapsicologia aos processos e locais do corpo , ele substituiu psicológico

teorias que carregam a mesma carga de pressupostos ultrapassados . A relação entre a imagem humanista e Naturphilosophie continua a ser clarificada . Num certo sentido , o último pode ser considerado como uma parte do primeiro; Ainda em um número de respeite ele tem um status especial. Penso nele como uma anomalia intelectual européia peculiarmente , naturalmente relacionado com a sua matriz de XIX cedo - idéias do século e já anacrônico na época de Freud. Quando o temperamento moderno (mesmo em história e as outras ciências sociais) procura , cadeias e redes de causas demonstráveis , os intelectuais de prosaicas detalhadas que era não viu nada de errado com postulando um atalho conceitual, ad hoc ou kforcei kessencei ou outro teórico deus ex machina para que um resultado observado foi atribuído diretamente . Analogias soltos foram prontamente aceites como meio de formar adeguate hipóteses (geralmente genética) , e quase ninguém compreendeu a distinção entre gerando uma idéia plausível brilhante e chegar a uma conclusão defensável . Para esse temperamento , audácia era mais para ser admirado de cautela. A ligação brilhantemente inesperada dos acontecimentos

ou fenômenos foi uma conquista melhor do que um laboriosamente pregado - conclusão para baixo. Assim ,
o grande movimento das idéias de Darwin atraiu a atenção do público , como era pré-condicionado por um
legado de Naturphilosophie , muito mais do que o seu conjunto extraordinário de detalhada
evidência empírica. Darwin não introduziu a idéia de evolução ; sua contribuição foi trabalhar em detalhe convincente de um mecanismo não teleológica por que a origem gradual de
espécies podem ser contabilizados. Era uma ironia que na verdade seu grande livro parecia no
mente popular a confirmação dos teleológicos , mesmo animistas , noções de Naturphilosophie ,
embora tenha havido muitos desses eventos na história da ciência. Talvez na maioria de
as pessoas se aproximam novas idéias kassimilativelyn (para usar o termo de Piaget) , reduzindo-os à sua
eguivalent mais próximo no estoque de conceitos já existentes , de modo que um revolucionário

proposta pode acabar reforçando uma idéia reacionária .
Pode-se até argumentar que, no mundo de hoje , a principal função do grande, integradoras speculationsephilosophical ou pseudocientíficas h htheories dos universeieis
para ajudar os adolescentes a ganhar um domínio intelectual temporária da confusão que experimentam
sobre o aumento repentino dos seus horilons , emocionais e ideativas . Num certo sentido ,
Freud o estudante de medicina foi guite justificado em sentir que a sua natureza - filosófica
inclinações estavam entre as coisas de menino que um homem tinha que arrumar . Jones (1953 , p 29.)
escreve que quando ele certa vez perguntou Freud quanto a filosofia que ele tinha lido , a resposta
veio : kVery pouco. Quando jovem, eu senti uma forte atração para especulação e impiedosamente verificado it.i
Na base desta e de muitas observações e passagens relevantes , tenho summariled (ver
tabela) os aspectos do pensamento de Freud que parecem rastreável a Naturphilosophie e à sua

estudos filosóficos com Brentano , juntamente com os seus homólogos , elaborado a partir da
tradição da ciência mecanicista e , em especial, a partir da própria aprendizagem de Freud em
fisiologia fisicalista . Até certo ponto desconhecida, alguns itens à esquerda pode ter derivado
de outras fontes humanistas , mas este parece mais plausível . (A prova de que o
vários elementos foram associados do modo indicado apresenta-se em Holt , 1963.)
Freud geralmente falou com desprezo sobre todos os métodos e procedimentos da formais
disciplinas , como no guotation acima , onde é de salientar (e característica) que ele
filosofia eguated e especulação. Dedução , abrangência da cobertura de uma teoria ,
e definição rigorosa foram associados em sua mente com os aspectos formais de estéreis,

Tabela 1: Estrutura latente de Concepções Metodológicas de Freud

Derivado em grande parte de Derivado em grande parte a partir de
filosofia , especialmente fisiologia fisicalista :
Naturphilosophie :
Filosofia associado; Fisiologia acadêmica ;
disciplinas: filosófico neuropsicologia psicologia ;
metapsicologia
Natureza das completos e abrangentes parciais , teorias ad hoc
theoriling : teorias , com precisão com tateando imprecisa
definições de conceitos conceitos definidos
Procedimentos procedimento dedutivo , utilize procedimento indutivo
e da matemática ; (nonformalistic) ;
métodos: a especulação ; observação síntese; dissecção;
análise

filosofia. E, no entanto (talvez por causa da ponte - conceito de evolução) , Naturphilosophie
eo resto do complexo de idéias estavam ligados na mente de Freud com a biologia darwiniana
e à disciplina da mesma forma genética de arqueologia. Estas ciências respeitáveis que ,
ao contrário de filosofia e matemática, foram concretamente empírica , reconstruído o controle remoto
passado do homem através de um método genético. Talvez o pensamento de que ele estava seguindo o seu método
habilitado Freud, finalmente , para saciar sua longa - ânsia reprimida por amplo, especulativo
theoriling . Em sua autobiografia (. Freud, 1925 , p 57) , ele escreveu: Kin as obras de meu mais tarde
anos (Além do Princípio do Prazer , Psicologia de Grupo e Análise do Ego , e A

Ego eo Id) , tenho dado rédea livre à inclinação , o que eu mantido baixo por tanto tempo, a
especulação i
Num sentido , é claro , é apenas uma extensão do método de genética para reconstrução
voltar além do início de uma vida individual e tentar traçar o desenvolvimento de socialmente costumes compartilhados na história de vida maior de um povo, como fez Freud em Totem e

Taboo . As concepções de Haeckel (que a ontogenia recapitula a filogenia) e de Lamarck (que características acguired podem ser repassados geneticamente) foram geralmente conhecido durante anos cientificamente formação de Freud e teve uma aceitação muito mais difundido pelo mundo científico do que eles fizeram durante os últimos anos de Freud. Esta aceitação tornou difícil para ele dar -los. Se os antropólogos funcionais tinha aparecido uma geração mais cedo e se a abordagem evolutiva não tinha sido tão populariled por Sir James Fraler , Freud poderia ter sido capaz de entender como penetrante e inconsciente a padronização de uma cultura pode ser. Esta interligação complexa torna possível a cultura a ser transmitida via tipos sutis e quase imperceptíveis de aprendizagem , fato que elimina o que Freud (1934e3f) declarou foi a necessidade de que a psicologia social deve postular a herança de características acguired .

Estilo Cognitivo de Freud

Voltemo-nos agora para a última grande fonte de dificuldades o leitor moderno encontra na compreensão Freud : seu estilo cognitivo . Qualquer pessoa que tenha lido Freud em tudo pode reagir a essa proposição , com espanto, para o estilo de Freud é muito admirado por sua clareza límpida . Mesmo na tradução, Freud está viva , pessoal e encantadoramente direta de uma maneira que faz com que ele altamente legível ; ele usa figuras criativas e originais de expressão, e muitas vezes leva o leitor ao longo de um tipo de desenvolvimento gradual que lhe permite penetrar em áreas difíceis ou delicados com um mínimo de esforço. Qualquer um que tenha lido muito de sua escrita pode facilmente entender por que ele recebeu o Prile Goethe de Literatura.
No entanto , existem dificuldades estilísticas em compreendê-lo ; mas eles se relacionam com sua
cognitiva, não seu estilo literário . Um par de décadas atrás George Klein (1951 , 1970) cunhou

o estilo cognitivo termo para significar o padrão de formas de uma pessoa de tomar em , processamento,
e comunicação de informações sobre o seu mundo . Freud tem uma forma idiossincrática e não apenas de
escrever, mas de pensar , o que torna muito fácil para o leitor moderno interpretar mal o seu significado, perder ou distorcer muitas sutilezas de seu pensamento . para alguns
grau , me pode ser sutilmente distorcer o conceito de Klein, para ele operationaliled -lo no
laboratório , não a biblioteca . Ele apresentou indivíduos com valores escondidos para ser extraídos
camuflagem, série de sguares para ser julgado por sile e outras tarefas incomuns, alguns de seus
próprio e alguns de concepção dos outros. Por outro lado, os métodos que tenho usado são mais como aqueles
do crítico literário. Tenho recolhido notas sobre o que me pareceu maneiras características em

que Freud observados, dados processados , idéias obtidos por outros meios que direta observação , o pensamento sobre eles, e colocar sua marca pessoal sobre eles. Ao fazê-lo ,
no entanto, tenho sido orientada pela minha longa associação com Klein e sua própria maneira de
aproximando os processos cognitivos e de produtos ; então eu acredito que eu tenho sido fiel ao espírito
de sua contribuição , que é agora tão amplamente utilizado como a ser praticamente uma parte da psicologia de
propriedade comum .

estilo de caractere
Talvez um bom lugar para começar como qualquer é com o bem de Ernest Jones - conhecida biografia. Grande parte do pouco que ele tem a dizer sobre este tema pode ser organiled na forma de antíteses ou paradoxos. Primeiro de tudo, não havia muita coisa sobre Freud que foi compulsivamente ordenada e difícil - trabalho . Ele levou uma vida regular estável em que seu trabalho era uma necessidade básica . Como ele escreveu a Pfister : kI não poderia contemplar com qualquer tipo de conforto de uma vida sem trabalho. Imaginação criativa e trabalho andam juntos comigo ; Eu não assumimos qualquer prazer em nada else.i No entanto, ele continuou, kThat seria uma receita para a felicidade , se não fosse o terrível pensamento de que sua produtividade depende inteiramente moodsi sensíveis (Jones , 1955 , p. 396f .) . Como Jones traz à tona , ele realmente funciona aos trancos e barrancos , não quite assim de forma constante e regularmente, como , por exemplo, Virgílio, mas quando o clima estava sobre ele.

Novamente, Jones comenta sobre atenção aos detalhes do kFreud verbal, a paciência impressionante com que ele iria desvendar o significado de frases e utterancesi (ibid., p. 39f). Por outro lado :
Seus tradutores irá suportar -me quando eu notar que obscuridades e ambigüidades, menores
de um tipo que circunspecção mais escrupuloso poderia ter facilmente evitado, não são os
menos de seus julgamentos. Ele foi, naturalmente, conscientes disso. Lembro-me de uma vez perguntando por que ele

usado uma determinada frase, o significado de que não estava claro, e com uma careta, ele respondeu : (. 1953, p 33f.) kPure Schlamperein (desleixo).
Ele não era ele mesmo um tradutor meticuloso, embora uma equipe altamente talentosa. kInstead de laboriosamente transcrever a partir de língua estrangeira, expressões idiomáticas e tudo, ele iria ler uma passagem, fechar o livro, e considerar como um escritor alemão teria vestido o mesmo pensamento r Seu trabalho de tradução foi tanto brilhante e rapidi (Jones, 1953, p . 55). Da mesma forma, Jones comenta sobre kguickness do pensamento de Freud e observationi em geral, e do fato de que tipo khis de espírito era de molde a penetrar através do material para algo realmente essencial além de , em vez de flertar ou brincar com iti (1955 , p. 399). Em suma, ele era intuitivo ao invés de ploddingly sistemática.
Este paradoxo particular pode ser resolvido , creio eu, pelo reconhecimento de que Freud era , basicamente , um obsessivo - compulsivo personalidade , em que este tipo de ambivalência é familiar. Ele teve uma boa medida dos traços fundamentais da ordem anal e atenção aos detalhes compulsivo ; ainda quando se tratava de seu modo de trabalhar com detalhes como a menor volta da frase na narração de um sonho (que só um compulsivo teria notado em primeiro lugar) , ele mostrou um dom para a intuição . Afinal, como Jones não se cansa de nos lembrar , ele era um gênio , um homem de inteligência extraordinária .

NATUREZA DO INTELECTO Freud
Que tipo de inteligência foi, thens Se adotarmos o quadro de referência da
Testes de inteligência Wechsler , era antes de tudo um predominantemente verbal ao invés de um
tipo de desempenho de capacidade . Eu não vi nenhuma evidência de que Freud foi especialmente dotado com sua
mãos . Ele falhou como um experimentador química (Jones, 1953, p. 54) , e que ele era um bom

microscopista e inventou uma nova mancha tecido durante seus anos de aprendizagem científica

em laboratório fisiológico do Brocke , não há nenhuma evidência de que ele era hábil na
final mecânica do mesmo. Ele nunca foi o que chamamos de homem aparelho kan , i um engenhoso
tinkerer.4 Aliás , a implicação usual de um verbal marcadamente maior em relação ao desempenho
10 seria confirmado no caso de Freud : ele foi certamente nunca dada a agir para fora , mas foi
sempre um intellectualiler e internaliler . Além disso , kThat houve uma acentuada
lado passivo à natureza de Freud é uma conclusão para a qual existe um amplo evidence.i Jones
(. 1953, p 53) notas ; Khe comentou certa vez que havia três coisas a que ele sentiu
unegual : governar , curar , e educating.i Ele desistiu de hipnose como ka grosseiramente interferindo
metódica e logo abjurou a imposição de mãos , apesar do fato de que ele tratou de vários
as senhoras em Studies in Hysteria por massagem física . Sentado guietly e ouvir livre
associações , respondendo apenas verbalmente (em grande parte por interpretações), é o método par
excelência de um homem com dons verbais e uma relutância de manipular.
Dentro do reino da inteligência verbal , podemos fazer algumas declarações mais específicas como
bem . Khe tinha um vocabulário extremamente rico , eu Jones (1955 , p. 402) atesta , kbut ele era o
reversa de um pedante em palavras. " Ele sabia oito línguas , ter domínio suficiente do Inglês
e francês para escrever artigos científicos nessas línguas. Há uma boa quantidade de evidência
entre as linhas de escritos de Freud que a modalidade de seu pensamento foi em grande parte verbal, como

4 nComo um jovem médico que trabalhou por muito tempo no Instituto de Química sem nunca se tornar proficientes nas habilidades que exige que a ciência ; e por isso na minha vida acordando eu nunca gostei de pensar nesse episódio estéril e realmente humilhante no meu aprendizado . Por outro lado, eu tenho um sonho recorrente regularmente de trabalhar no laboratório, de realização de análises e de ter várias experiências lá . Esses sonhos são desagradáveis , da mesma forma como os sonhos de exame e eles nunca são muito distintas . Enquanto eu estava interpretando um deles, minha atenção acabou por ser atraída pela palavra "análise" . o que me deu uma chave para a sua compreensão . Desde aqueles dias eu me tornei um hanalyst ' , e agora estou a realizar análises que são muito bem falado ... n (1900 , 475 p.)

oposição a imageless , visual, auditiva, ou cinestésico . Ele dá provas de que ele tinha sido um eidético virtual até bem em seus estudos , no entanto :

... Por um curto período de minha juventude alguns talentos incomuns de memória não foram além de mim.
Quando eu era estudante Tomei isso como uma coisa natural que eu poderia repetir de cor o
página eu estava lendo ; e, pouco antes de entrar na universidade que eu poderia escrever
palestras quase literalmente populares sobre temas científicos diretamente após ouvi-los .
(1901 , p. 135)
Seu imaginário auditivo pode ser extraordinariamente vívida , também, pelo menos até alguns anos mais tarde ,
quando ele estava estudando com Charcot , em Paris. Durante estes dias , ele relata , kl guite frequentemente
de repente ouvi o meu nome chamado por uma voz inconfundível e amado, " que ele continua
a referir-se a unblinkingly como khallucination " (1901, p . 261). No entanto, ele escreve sobre estes
experiências , de modo a indicar que , como a maioria dos outros sistemas de imagens eidéticos , gradualmente
perdeu a capacidade à medida que envelhecia . É verdade que seus sonhos permaneceu vividamente visual, e ele
ocasionalmente, foi capaz de obter uma imagem visual nítida na vida de vigília , mas ele emphasiled que
Nessas ocasiões foram excepcionais. Por outro lado , eu nunca encontrei qualquer indicação de que
Freud estava mesmo ciente de que o pensamento tal fenômeno como imageless existe; embora
investigadores de Galton para Anne Roe descobriram que ele characteriles muitos líder figuras em disciplinas como matemática e physicsedisciplines teóricos que Jones
especificamente diz (1953 , p. 33) Freud nunca poderia ter se destacado dentro
Talvez haja uma dica aqui que a mente de Freud não estava na vanguarda no que diz pensar como altamente abstrato está em causa. Certamente ele não era muito de um matemático. Certa vez, ele characteriled -se como segue:
Tenho capacidades e talentos muito restrito. Nenhum mesmo para as ciências naturais; nada
para a matemática ; nada por nada guantitative . Mas o que eu tenho, de um muito restrito

natureza, foi, provavelmente, muito intensa. (tuoted em Jones , 1955, p . 397)
Como veremos um pouco mais tarde , essa fraqueza relativa no fator guantitative teve uma série de efeitos visíveis na forma de Freud de pensar.

Para summarile até agora , em termos de habilidades , Freud tinha uma inteligência predominantemente verbal e modo de pensar. Ele era extraordinariamente talentoso de memória, concentração, passivo (ou como ele dizia , kevenly - suspendedi) atenção, e conceito criativo - formação . Seu dom era mais analítica do que sintética , assim como a sua preferência era para o primeiro sobre o segundo aspecto do pensamento . Ele não tinha dons notáveis ao longo sensório-motor , linhas de manipulação , ou guantitative , nem nos tipos mais abstratas de pensamento. Acima de tudo , não pode ser supérfluo acrescentar , ele foi produtivo , original e criativa .

AUTO - DÚVIDAS crítica versus AUTO - DETERMINAÇÃO CONFIANTE
Na passagem em alguns aspectos mais estilísticos do seu pensamento , vou continuar a perseguir
antíteses . Um desses é o lado cognitivo de um tema de destaque na personalidade de Freud : a
auto - crítica, mesmo se aposentando e auto - duvidar pudor contra uma grande parte secreta e negada
sede de fama , juntamente com uma grande auto - confiança. Um número dos guotations tanto
Freud e de Jones ter tocado em sua auto - lado crítico , e as evidências de sua profunda -
saudade sentado para ver o seu nome gravado em uma pedra para as idades é onipresente em Jones de três
volumes , embora o discípulo superou o mestre em protestar que não era assim.
Ambos
facetas da mente de Freud sair em relação às idéias que ele estabelecidos em Beyond the Pleasure
Princípio. Ele escreveu:
O que se segue é especulação, muitas vezes longe - especulação absurda , que o leitor irá considerar ou descartar de acordo com sua predileção individual. (1920 , 24 p.)

e :
Pode-se perguntar se e como agora eu mesmo estou convencido da verdade das hipóteses que foram estabelecidos nestas páginas. Minha resposta seria que eu não sou eu e que eu não tentar convencer outras pessoas a acreditar nelas convenceu. Ou, mais precisamente , que eu não sei o quão longe eu acredito neles .... Uma vez que temos essas boas razões para estar desconfiado , nossa atitude para com os resultados de nossas próprias deliberações não pode muito bem ser que não seja benevolência legal . (1920 , p. 59)
Ele estava falando , claro, sobre suas especulações mais polêmicas , que dizem respeito à pulsão de morte. No entanto, apenas alguns anos mais tarde , ele escreveu o seguinte:

Para começar foi apenas timidamente que eu apresentar os pontos de vista que tenho desenvolvido aqui , mas no decorrer do tempo, eles ganharam um tal poder sobre mim que eu não posso mais pensar de outra forma . Para mim, eles são muito mais útil do ponto de vista teórico do que quaisquer outras possíveis ; eles fornecem que a simplificação , sem ignorando ou violentar os fatos, para que nós nos esforçamos no trabalho científico . (1930 , p. 119)

Em suma, ele tinha uma tendência a tornar-se tão kaccustomed ao facei de suas próprias idéias a respeito de considerá-los indispensáveis e , por fim, como estabelecido, apesar de terem sido originalmente apresentado com grande modéstia. Na verdade, ele olhou para trás nas especulações trêmulas de Além do Princípio do Prazer como base para apoiar a sua premissa fundamental de que tinha de haver duas classes de impulsos instintivos :

Muitas e muitas vezes nós encontramos , quando somos capazes de rastrear impulsos instintivos para trás, que se revelam como derivados de Eros . Se não fosse para as considerações apresentadas em Além do Princípio do Prazer , e, finalmente, para os constituintes sádicos que se uniram para Eros , devemos ter dificuldade em manter o nosso ponto de vista fundamental dualista pin teoria do instinto) . (1923 , p. 46)

Aqui nós temos o primeiro sinal de um dos problemas básicos com que Freud se esforçou ,

e que ajudaram a moldar a natureza do seu pensamento. Trabalhando como ele fez em um novo campo , sem critérios convencionais para o estabelecimento de conhecimento válido , ele teve que ser sustentada contra o inevitável auto - dúvidas , até mesmo o desespero que o que ele estava fazendo pode levar em qualquer lugar, por uma confiança em si mesmo irracional , uma fé que suas intuições e hipóteses seria vindicado, e até mesmo um certo grau de auto - engano que ele tinha estabelecido pontos com mais firmeza do que ele na verdade tinha sido capaz de fazer.

Sua determinação de persistir em face de seu reconhecimento de que o progresso era difícil está bem expressa na seguinte guotation :

É quase humilhante que , depois de trabalhar tanto tempo, que ainda deve estar tendo dificuldade em compreender os fatos mais fundamentais. Mas nós fizemos as nossas mentes para simplificar nada a esconder e nada . Se não podemos ver as coisas claramente , vamos pelo menos ver claramente o que são as obscuridades . (1926a , p . 124)

Um dos aspectos positivos da capacidade de Freud de ser auto - crítico era a sua vontade de mudar suas idéias .

Devemos ser pacientes e aguardar novos métodos e ocasiões de pesquisa. Devemos estar prontos , também, para abandonar um caminho que temos seguido por um tempo, se ele parece estar levando a nada de bom fim. Somente os crentes , que exigem que a ciência deve ser um substituto para o catecismo que tenham desistido, vai culpar um investigador por desenvolver ou mesmo transformar seus pontos de vista . (1920 , p. 64)

Se ele nem sempre foi capaz de viver de acordo com este programa corajoso , se ele não conseguiu recognile que

muitos de seus pressupostos unguestioned não eram tão axiomaticamente verdadeira como ele pensava, estes
são os conseguences necessárias do ser humano. Freud foi certamente sustentada em sua longa
convidado por um interesse apaixonado em penetrar os mistérios da natureza e de uma capacidade de cuidar
profundamente sobre suas idéias . Tudo o mais natural , portanto, que ele deveria ter cuidado , às vezes

perder imparcialidade científica e confundir seus conceitos com a realidade . Assim, ele remete para kthe hsuper - ego, " um dos achados mais recentes do psychoanalysisi (1900 , p 55f n 1 .). , Ou para kthe descoberta de que o próprio ego é catexizado com libidoi (1930 , p 11f . ; ênfase adicionada em ambos guotations) . Quando falei acima sobre suas suposições unguestioned , eu tinha principalmente em mente o modelo reflexo passivo do organismo , que é hoje comprovadamente falso (Holt, 1965). No entanto, para Freud parecia tão auto - evidentemente verdade que ele se referiu a ele como um fato sobre o qual ele poderia encontrou um dos seus constructos mais guestionable :
A tendência dominante da vida mental e, talvez, da vida nervosa em geral, é o esforço para reduzir , para manter constante ou para remover a tensão interna devida aos estímulos. . . . ea tendência que encontra expressão no princípio do prazer ; e nosso reconhecimento desse fato é uma das nossas mais fortes razões para acreditar na existência de instintos de morte . (1920 , p 55f ; . . Grifo nosso)
Outro aspecto dessa mesma antítese era convicção de Freud de que a essência do que ele estava estabelecendo era verdade , o que seria totalmente apreciado apenas pelas gerações futuras , contra a sua expectativa de que muito do que ele ensinou seria guickly derrubado , como no seguinte 1909 carta a Jung , em resposta ao medo expressa deste último que os escritos de Freud seria tratado como evangelho :
Sua suposição de que depois da minha partida os meus erros podem ser adorado como relíquias sagradas me divertiu muito, mas eu não acredito nisso. Pelo contrário, acho que meus seguidores vão apressar para demolir o mais rapidamente possível tudo o que não é seguro e sadio em que eu deixar para trás. (tuoted em Jones , 1955, p . 446)
Freud mostrou aqui a força de sua fé que havia grãos de verdade eterna , assim como palha na colheita de seus trabalhos .

ANÁLISE VERSUS SÍNTESE
Outra antítese familiar no reino do pensamento é a análise de contra síntese. Aqui, a preferência do inventor e namer da psicanálise foi clara e marcada. Em 1915 , ele escreveu a Lou Andreas - Salomé:
Eu raramente sentem a necessidade de síntese. A unidade do mundo parece-me algo de auto - entendido , algo indigno de ênfase. O que me interessa é a separação e terminando em suas partes componentes que , caso contrário, correm juntos em uma

polpa primitiva. . . . Em suma, eu sou , evidentemente, um analista e acredita que a síntese não oferece obstáculos uma vez que foi alcançado análise. (1960 , p. 310) No entanto, apesar do fato de que o conceito da função sintética do ego está associada menos com Freud do que com Nunberg , papel deste último por este nome (Nunberg , 1931) é, em grande parte, simplesmente um desenho junto de pontos de Freud fez de passagem em muitos contextos . Freud poderia realizar feitos notáveis de synthesiling muitos factsesee desconectado por exemplo magistral de sua revisão da literatura científica sobre os sonhos (1900 , Cap. 1). Eand ele nos ensinou muito sobre o funcionamento sintética; no entanto, sua habilidade e sua predileção correu predominantemente ao longo das linhas de análise.

DUALISMO DIALÉTICA
Uma das razões que adotei o método antitético nesta exposição é que uma preferência por conceitos binários opostos era em si muito característico do pensamento de Freud.
Mesmo no campo da arte , ele preferiu fortemente o equilíbrio de antiguity clássica; uma carta ao
Romain Rolland , em 1930, fala de seu amor kHellenic de proporção " (1960 , p. 392) . e em
sua própria teoria , é certamente um impressionante e bem - fato conhecido que os seus principais conceitos vêm em
pares combinados de oposição. Talvez o mais notável é a sua teoria motivacional em seus diversos

disfarces . Bastante cedo, ele opôs desejo inconsciente contra catexia pré , então o libidinal em relação ao ego - instintos , passando a narcisista contra objeto - a libido, para Eros
contra os instintos de morte (ou o amor contra o ódio); mas era sempre uma teoria de unidade dual. ou
recordar kthe três grandes polaridades que dominam Lifei mentais : activityepassivity , egoe
mundo externo , e pleasureeunpleasure (. 1915a , p 140; ênfase de Freud), aos quais pode -se acrescentar que de masculineefeminine . Muitos outros tais oposições vêm à mente:
GUANTITY contra guality , autoplastic contra aloplástico , ego - sintônico contra ego - alienígena,
princípio prazer versus princípio de realidade , livre versus cathexis encadernados , eu principal
processar versus o processo secundário . Não é difícil mostrar que Freud concebeu uma
série contínua de processos de pensamento reais entre os extremos teóricos da primário eo processo secundário , mas ele normalmente usava de forma dicotômica . Mesmo quando ele propôs tríades de conceitos (Cs. , Pcs e Ucs ; . . Ego, superego e id) , ele tinha

uma forte tendência para reduzi-los a forma binária . O trabalho 1923 é, afinal , o direito apenas O Ego eo Id ; ea distinção entre consciente e inconsciente, sempre impressionou Freud como um farol kour - luz na escuridão da profundidade - psychologyi (1923 , p. 1-F) . Termos como ambivalência e conflito conceptualile essa característica como fatos fundamentais da psicologia. De fato, pode-se argumentar que muitos dos conceitos dinâmicos antitéticas são um conseguence direta de recogniling de Freud como o conflito foi importante , tanto normal e desenvolvimento patológico .

CONTRADIÇÃO tolerada (SÍNTESE diferido)
Além disso, o pensamento de Freud é characteriled por uma tolerância incomum para inconsistência. se você foi através das obras de um autor tão prolífico como Freud, que seria , sem dúvida, encontrar muitas declarações contraditórias , e muitas proposições que são realmente

incompatível com os seus pressupostos básicos . Mas não é difícil encontrar outras razões para a presença de inconsistências na obra de Freud , além de sua enorme massa, que é enorme : a sua preferência para o que vou expor theoriling pouco como seriatim e empirismo aos poucos, sendo que ambos são claramente de se esperar de um homem com uma orientação longe de síntese e um desleixo confessou com conceitos. Como Jones coloca,
Ele escreveu com facilidade, fluentemente, e espontaneamente , e teria achado muito reescrever cansativo. . . . uma de suas principais características pwasq seu desagrado de ser dificultada ou agrilhoada . Ele gostava de se entregar aos seus pensamentos livremente , para ver onde eles iriam levá-lo , deixando de lado , por enquanto qualquer guestion de delimitação precisa; que poderia ser deixado para uma análise mais aprofundada . (1953 , p. 33f .)
Na verdade, ele se reescrever e revisar vários de seus livros muitas vezes. Felizmente, o Standard Edition fornece um texto variorum e escrupulosamente nos informa sobre todas as mudanças , edição por edição . Não é difícil, portanto, para characterile estilo de Freud de revisão por estudando A Interpretação dos Sonhos , A Psicopatologia da Vida Cotidiana e Três Ensaios sobre a Teoria da Sexualidade . Esses livros, publicados primeiro 1900-1905 , foi através de oito , dez e seis edições , respectivamente , todas elas contendo adições de pelo menos tão tarde quanto 1925. Assim , elas abrangem , pelo menos, dois grandes períodos no desenvolvimento de

O pensamento de Freud, incluindo um agora - a mudança chegando em modelos . No entanto, uma declaração abrange o grande maioria das revisões : acrescentou coisas . Nunca houve qualquer fundamentais reconsideração e síntese pequeno precioso. Talvez, se Freud não tivesse tido tal soberba comando da comunicação escrita , de modo que ele raramente tinha mesmo para polir seus primeiros rascunhos, ele teria reformulado seus livros mais profundamente como eles passaram por novas edições. em mais , acrescentou uma nota de rodapé ocasionais apontando a incompatibilidade de uma declaração com doutrinas posteriores . Mesmo Capítulo 7 de A Interpretação dos Sonhos, de Freud mais ambicioso e

trabalho teórico importante , foi deixado praticamente intocado exceto para interpolações , após as tinkerings de 1915 e 1917, que desfez a possibilidade de regressão topográfica , mesmo após o abandono de todo o modelo topográfico em 1923 e sua substituição pelo modelo estrutural , que não prevê para o conceptualilation de qualquer processo cognitivo completa . Com efeito , até ao fim . Capítulo 7 continha carry anacrônico - overs do modelo neurológico do kProject inédito , eu que o havia precedido por quatro anos. Ao longo de todas as revisões , Freud nunca eliminou os lapsos de referências a kneurones , eu kpathways , eu e kguantity.i
Freud construiu a teoria , então , por mais que Franklin D. Roosevelt construiu o Executivo
ramo do governo : quando algo não estava funcionando muito bem , ele raramente reorganiled ; ele simplesmente fornecido outro agencyeor concepteto fazer o trabalho. Para suportar essa
muito inconsistência certamente tomou uma capacidade incomum para atrasar o momento em que o
gratificação de uma teoria ordenada, internamente consistente , logicamente coerente pode ser
atingido . Compare a sua auto - characterilation na seguinte carta para Andreas - Salomé em
1917 ; ele havia sido contrastando -se com kthe sistema - buildersi Jung e Adler.
. . . você tem observado como eu trabalho , passo a passo , sem a necessidade interior para a conclusão, continuamente , sob a pressão dos problemas imediatamente na mão e tendo dores infinitas para não ser desviados do caminho . (1960 , p . 319)

Sete anos antes, ele havia escrito a Jung :
Percebo que você tem a mesma forma de trabalho que eu tenho : estar no olhar para fora em qualquer direção que você se sente atraído e não tomar o caminho direto óbvio. Eu acho que é a melhor maneira também, já que um é surpreendido mais tarde para

descobrir como diretamente essas rotas tortuosas levou ao objetivo certo . (tuoted em Jones , 1955 , p . 449)

Para seguir o nariz empiricamente , somando-se a teoria de quaisquer pedaços pode

acumular ao longo das wayethis foi o procedimento com o qual Freud se sentiu em casa, com a sua fé, que em última análise, a verdade iria prevalecer .

CONCEPÇÃO DO MÉTODO e conceitos científicos
Esta atitude foi de uma peça com a concepção básica do trabalho científico de Freud.
ciência
foi antes de tudo uma questão de observação empírica , que ele normalmente contrastada com
especulação de descrédito do último. Como Freud concebia, um especulativo , ou filosófica ,
sistema começou com kclear e bem definidos conceitos básicos , i (1915a , p. 117) e construído em
este ksmooth , foundationi logicamente inatacável (. 1914, p 77) um kcomplete e pronto - feito
estrutura teórica , i (1923, 36 p.), que poderia entrar em keasily existência completa, e daí em diante permanecem unchangeablei (1906 , 271 p .). Mas kno ciência , nem mesmo a mais exata , eu
funciona da seguinte maneira:
O verdadeiro início da atividade científica consiste antes em descrever fenômenos e depois em prosseguir para grupo , classificar e correlacioná-los . Mesmo na fase de descrição não é possível evitar a aplicação de certas ideias sumário para o material em mão, idéias derivadas de algum lugar ou outro, mas certamente não a partir do novo observações sozinho . . Eles devem em primeiro lugar , necessariamente, possuir algum grau de
indefinição ; . chegamos a um entendimento sobre o seu significado , fazendo referências ao material de observação do qual parecem ter sido derivada, mas sobre a qual , de fato , eles têm sido impostas repetida. . . . É só depois de investigação mais completa do campo de observação de que somos capazes de formular seus conceitos científicos básicos com maior precisão , e, progressivamente, de modo a modificar - lhes que eles tornam-se útil e consistente ao longo de uma vasta área. Então , na verdade , o tempo pode ter chegado a confiná-los em definições . O avanço do conhecimento , no entanto, não tolera qualquer rigidez , mesmo em definições . (1915a , p . 117)

Ao abordar um novo tópico, portanto :

Em vez de partir de uma definição , parece mais útil para começar com alguma indicação

da gama dos fenômenos em análise, e selecionar dentre eles alguns
fatos especialmente notáveis e característicos para que nossa enguiry podem ser
anexados . (1921,
p . 72)

Depois disso, qualquer inguiry psicanalítica deve
. encontrar o seu caminho passo a passo ao longo do caminho para a compreensão
das complexidades da mente , fazendo uma dissecação analítica de ambos os
fenômenos normais e anormais. (1923. P 36.)
Mas por causa da complexidade do seu tema, a psicanálise não pode esperar
sucessos guick :
A complexidade extraordinária de todos os fatores a serem levados em consideração
deixa apenas
uma maneira de apresentá-las abertas para nós . Devemos selecionar primeiro um e
depois outro ponto
de vista , e segui-lo através do material , desde que a aplicação do que parece
produzir resultados . Cada tratamento separado do assunto será incompleta em si, e
não pode deixar de ser obscuridades onde toca o material que ainda não tenha sido
tratada ; mas podemos esperar que uma síntese final conduza a uma compreensão
adequada .
(1915b , p . 157f .)

A verdade , quando atingido, será mais simples :
... Não temos outro objetivo senão o de traduzir em teoria os resultados da observação ,
e negamos que haja qualquer obrigação em nós para alcançar a nossa primeira
tentativa de um bem - arredondado teoria que irá recomendar -se por sua simplicidade.
Defenderemos as complicações de nossa teoria , desde que descobrimos que eles se
encontram os resultados da observação , e não vamos abandonar nossas expectativas
de ser conduzido , no final, por essas mesmas complicações para a descoberta de um
estado de coisas que, apesar de simples em si mesmo, pode ser responsável por todas
as complicações da realidade. (1915c , p. 190)
Freud demonstrou , assim, uma capacidade de tolerar , além de inconsistência e
demora
indefinição conceitual considerável ou , na terminologia de hoje , a ambigüidade . Kit é
verdade , eu estava pronto para admitir, noções kthat como a de um ego - a libido, uma
onorgia do

ego - instintos , e assim por diante , não são nem particularmente fácil de apreender ,
nem suficientemente rica em
content.i No entanto , a psicanálise seria kgladly próprio conteúdo com nebuloso , mal

conceitos básicos que se possa imaginar, que espera apreender mais claramente no decorrer de sua
desenvolvimento, ou que é ainda preparado para substituir por othersi (1914, p. 77).
Observe o
obrigação afirmou aqui, que segue com bastante clareza de sua posição quanto à definição,
para um balanço conceitual periódica ; se definições consistentes e úteis nunca precipitar
fora, o conceito deve ser abandonada. Como vimos, no entanto, esse processo de normal
revisão foi guite incompatível com o estilo de Freud de trabalhar e de pensar, e ele raramente
conceitos descartados quando ele acrescentou novos. É um pouco triste, mas não surpreendente, para encontrar
que instintos, que em 1915 (1915a , p . 117f .) foram kat momento . . . ainda um pouco obscura, i foram characteriled anos 1f mais tarde como entidades kmythical , magnífico em sua
indefinitenessi (1933 , p. 95) .
Alguns anos atrás, eu decidi tentar a minha mão neste processo de seleção , tendo um dos
Conceitos definidos (a ligação da catexia - centrais, mas tantalilingly doente de Freud , ver Holt ,
1962) e segui-lo através de seus escritos para ver que tipo de definição surgiu . o trabalho de encontrar e ordenar os contextos em que ocorreu , e educing a 14 diferentes
significados que eu era capaz de discernel encontraram ainda outros desde thenuewas grande
suficiente para me fazer realile que, se Freud se comprometeu a trabalhar suas próprias teorias sobre
continuamente , desta forma, depois de alguns anos, ele não teria tido tempo para analyle mais
pacientes , muito menos escrever nada de novo . É verdade , eu era capaz de peneirar um significado central para
minha própria satisfação , mas continua a ser visto se muitos psicanalistas será convencido de que eles deveriam abandonar a outra dolen ou assim tipos de uso. Com Freud
livre - e - fácil para exemplo precedente , alguns acham que é fácil de justificar adiando o dia mau

quando os termos vai começar a ter definidas , significados restritivos.

Até agora , tenho emphasiled o conhecimento de causa provisória , a natureza provisória de theoriling de Freud , seu abjurando deliberada de qualquer tentativa de construir um sistema completo e internamente coerente , em favor do empirismo fragmentada insteadeguite um contraste com a visão de Freud como o sistemata dogmática que faria ribeiro nenhum desvio de uma linha kparty rígida " de theoryu no entanto, esta concepção popular tem suas raízes na verdade também . Por um lado, Freud parece ter tido um flutuante , nunca conjunto explícito de normas sobre o que partes da psicanálise tinha sido provada, o que só ele pode mudar com a impunidade, e que partes eram modificáveis por outros. Fiel ao seu princípio aglutinante de revisão , deu boas-vindas adições desde que não explicitamente pedir reconsideração de conceitos e proposições que tinham vindo para parecer básico e necessário. Assim , as idéias de Adler sobre a inferioridade do órgão e da vontade de poder eram aceitáveis até o discípulo começou a insistir que eles entraram em confronto com a teoria da libido e exigiu revisão drástica do último.

ESTILO da teorização
tuite além da relação de Freud com as contribuições dos outros (um assunto que é obviamente, muito mais complicado do que a discussão breve acima pode parecer implicar) , existem bases para a concepção de Freud como um dogmático doutrinário em certos
peculiaridades estilísticas de sua própria theoriling . Deixe-me summarile primeiro e depois se expandir, com
exemplos . Freud gostava de afirmar coisas kas assim dizer, dogmaticallyein o mais conciso
e formar no termsi mais uneguivocal (1940 , 144 p .) ; de facto , foi uma hipérbole do seu
artifícios retóricos favoritos. Quando ele pensou que ele vislumbrou uma lei da natureza , ele afirmou que
com o universalismo varrição e generalidade. Ele era também gostava de estender os conceitos de

o limite de sua possível aplicabilidade , como se esticando o reino dos fenômenos estendidos por
um conceito era uma maneira de torná-lo mais abstrato e útil. Seu dispositivo para escapar do
perigos da banalização a que este padrão expostos ele era seguir um plano doolaração oom outro que gualified -lo por contradição parcial. Portanto , o inconsistência em muitas das proposições de Freud é apenas aparente. Ele estava perfeitamente bem
ciente de que uma instrução desfez outro , e usado tais seguences como uma maneira de permitir que uma
concepção ricamente complicado crescer na mente do leitor como considerações foram uma introduzido de cada vez.

Aqui, então, é uma razão pela qual Freud é ao mesmo tempo tão deliciosamente fácil de ler, e tão fácil não entender , particularmente quando as declarações são tomadas fora de contexto. Sua visão de comportamento humano era extraordinariamente sutil , complexo, e muitos - em camadas ; se ele tivesse tentado defini-lo adiante em frases de complexidade paralelo e estrutura hierárquica , ele teria feito Dr. Johnson parecido com Hemingway. Em vez disso, ele escreve de forma simples, direta , com força ; ele dramatiles por grande exagero , estabelecendo de forma dura preta descreve o que ele considera a verdade básica sobre um assunto como orientação inicial do leitor. Em seguida, ele preenche as sombras ; ou , por outro golpe corajosamente simples , de repente mostra que as formas estão dispostos em diferentes aviões. Aos poucos , um três - realidade dimensional toma forma diante dos olhos de quem sabe ler Freud.

Aqui está um exemplo de uma declaração plano inicial, seguido por gualifications :
A maneira na qual sonhos tratar a categoria de contrários e contraditórios é altamente notável . Ele é simplesmente desconsiderada. 'Não' parece não existir medida em que os sonhos estão em causa. (1900 , p. 31f)

Tenho afirmado anteriormente que os sonhos não têm meios de expressar a relação de um

contradição , um contrário ou um 'não'. Passarei agora para dar uma primeira negação dessa afirmação. vA idéia de hjust o inverso "é plasticamente representado como algo se virou de sua orientação habitual.) (p. 326)
... O hhnot ser capaz de fazer somethingn neste sonho era uma forma de expressar um hno'e contradictionea ; para que a minha afirmação anterior de que os sonhos não podem expressar uma nnon reguires correção, (p. 337)

(A terceira ndenialn aparece na p. 434.)

Talvez uma generalilation arrebatadora ainda mais familiar é a seguinte :
Psico --- análise é justamente suspeito. Uma de suas regras é que tudo o que interrompe o progresso do trabalho analítico é uma resistência . (1900 , p. 517)
Menos freqüentemente guoted é nota de rodapé de Freud, em que ele faz essa irritante statementeso para muitos um analylanduemore palatável ; é

. facilmente abrir a mal-entendidos . É claro que é apenas para ser tomado como uma regra técnica ,
como um aviso para os analistas . Não se pode negar que , no curso de uma análise vários
eventos podem ocorrer a responsabilidade para a qual não pode ser colocado sobre o paciente do
intenções. Seu pai pode morrer sem ele ter assassinado ; ou uma guerra pode quebrar fora que traz a análise ao fim. Mas por trás de seu exagero óbvio que o proposição é afirmar algo verdadeiro e novo . Mesmo que o evento é interrompendo um real e independente do paciente , que muitas vezes depende dele como um grande interrupção que provoca ; e resistência se manifesta inequivocamente na prontidão com
que ele aceita uma ocorrência deste tipo , ou o uso exagerado que ele faz de lo . (grifo nosso)
Com demasiada frequência (e, infelizmente, difícil de ilustrar por guotation), o amolecimento
declaração após a overgeneralilation inicial não é explicitamente apontado, não pode seguir muito em breve, ou não está obviamente relacionado . Para Freud , no entanto , este foi um consciente
estratégia de avanço científico ; as transformações da opinião científica são desenvolvimentos ,

não revoluções . A lei, que foi realizada no primeiro a ser universalmente válida prova ser um caso especial de uma uniformidade mais abrangente ou é limitada por outra lei , não descoberto até mais tarde ; uma aproximação grosseira à verdade é substituída por uma mais cuidadosamente adaptado um, que por sua vez aguarda aperfeiçoar ainda mais (cf. 1927 , p. 55) .
Muitos exemplos de declarações formuladas com prendendo exagero pode ser facilmente
citado .
Com base em nossa análise do ego que não se pode duvidar que , nos casos de mania , o ego eo ideal do ego se fundiram juntos. (1921 , p . 132)

. . . histeria. . . está preocupado apenas com a sexualidade reprimida do paciente. (1906 , p. 27f)
. ninguém pode duvidar que o hipnotizador entrou no lugar do ideal do ego . (1921 , p . 114)
É certo que grande parte do ego é o próprio inconsciente , e, nomeadamente, o que podemos descrever como seu núcleo ; apenas uma pequena parte dele é coberta pelo termo kpreconscious.i (1920 , p. 19)

Strachey acrescenta a seguinte nota de rodapé bastante divertido para a passagem acima :

. Na sua forma actual esta frase remonta a 1921 Na primeira edição (1920) funcionou : kit pode ser que grande parte do ego é o próprio inconsciente ; apenas uma parte dela , provavelmente , está coberto pelo termo hpreconscious ' . i

Neste caso, que levou apenas um ano para uma probabilidade cauteloso para se tornar uma certeza.
Em outros casos, hipérbole assume a forma de afirmação de uma unidade subjacente onde se observa apenas uma correlação :
Todos estes três tipos de ptopographical regressão , temporal e formalq são , no entanto ,
um na parte inferior e ocorrem em conjunto, como uma regra ; para o que é mais antigo no tempo é mais primitivo
na forma e na topografia psíquica fica mais perto do fim perceptual. (1900 , p. 54f)

Com demasiada frequência , a formulação arrebatadora toma a forma de uma declaração de que algo como o complexo de Édipo é universal. Acredito que Freud estava menos interessado em fazer uma generalilation empírica de seus dados limitados do que em tateando neste caminho para uma lei básica da natureza . Como Jones summariles a carta de 15 de Outubro , 1f97 , a Fliess ,
Ele descobriu em si a paixão pela mãe eo ciúme de seu pai ; ele tinha certeza de que essa era uma característica humana em geral e que a partir dele pode-se entender o efeito poderoso da lenda de Édipo. (Jones , 1953, p . 326)

Mais uma vez, quatro anos mais tarde , ele generaliled universalmente a partir de seu próprio caso :
Há, portanto, é executado através de meus pensamentos uma corrente contínua de ' referência pessoal , "de
que eu geralmente não têm noção , mas que se revela por tais instâncias do meu esquecimento de nomes . É como se eu estivesse obrigado a comparar tudo o que eu ouvir falar de outro
pessoas com a mim mesmo ; como se meus complexos pessoais foram colocados em estado de alerta sempre que
outra pessoa é trazida à minha atenção . Isso não pode ser um indivíduo peculiaridade da minha própria : deve conter , em vez de uma indicação do modo em que
ksomething entender que não a nós mesmos " em geral. Eu tenho razões para supor que as outras pessoas são a este respeito muito semelhante a mim. (1901, 24 p.)
Para o psicólogo contemporâneo , treinado para ser cauteloso em generaliling de pequeno
amostras , parece audacioso a ponto de temeridade para saltar de auto - observação de um
lei geral. Mas Freud foi encorajado pelo fato de que ele estava lidando com vital questões :

Eu sinto uma aversão fundamental para a sua sugestão de que minhas conclusões pabout o
etiologia sexual de neurosisq estão corretos, mas apenas para determinados casos. . .
Isso não é muito
bem possível . Totalmente ou não em todos . Eles estão preocupados com essas questões fundamentais
que não poderiam ser válidos para um conjunto de apenas casos . . . . Há apenas a nossa espécie , ou então
nada é conhecido. Um Amante você deve ser da mesma opinião . Então agora eu tenho
confessou toda a minha fanaticismu (Carta a Jung , 19 de abril de 1909; . no Jones, 1955, p 439)

Lembre-se, também , o fato de que os esforços científicos iniciais de Freud antecipou consideravelmente a invenção de estatísticas , a teoria da amostragem, ou um desenho experimental. Em seus primeiros dias, quando ele estava mais seguro em seu papel como cientista, Freud estava estudando neuroanatomia no microscópio e, como seus professores e colegas respeitados , generaliling livremente e automaticamente a partir de amostras de oneu
Em seguida, também, lembrar que Freud foi o propagador do princípio da sem exceções
determinismo em psicologia : todos os aspectos do comportamento eram legais , ele acreditava , o que tornava
fácil para ele para confundir (a) a aplicabilidade universal de leis e conceitos abstratos com
(b) A ocorrência universal de seguences comportamentais empiricamente observáveis . Finalmente, estamos tão acostumados a considerar Freud um teórico kpersonality " que nos esquecemos o quão pouco ele estava interessado em diferenças individuais , contra os princípios gerais . Ele escreveu uma vez a Abraão :
kPersonality " . . . é uma expressão um tanto indefinido tirada de psicologia superfície, e não contribui muito para a nossa compreensão dos processos reais , ou seja, metapsicologicamente . (tuoted em Jones , 1955, p . 43f)
Apesar do fato de que ele escreveu grandes histórias de casos , usou -os para ilustrar suas formulações abstratas , e não tinha convicção sobre o valor científico ou de interesse do caso único, exceto como uma possível fonte de novas idéias.
A inclinação para generalile sweepingly pode ser visto também na tendência de Freud caticar os limites de seus conceitos. O melhor - sabido , para não dizer mais notorio exemplo , é
o da sexualidade . Em seus primeiros trabalhos , a etiologia das neuroses ksexual " significava literal
sedução, sempre envolvendo a estimulação dos órgãos genitais. Em vez guickly , nos três

Ensaios, o conceito foi ampliado , primeiro a incluir todas as unidades kpartial , i com base na
oral, anal , fálica e - lones erógenas da uretra , mais o olho (para o voyeurismo e exibicionismo) . Mas, como ele encontrou casos em que outras partes do corpo pareciam servir a função dos órgãos sexuais , Freud ampliou o conceito de erógena solitário para incluir a proposição de que todas as partes da pele , além de todos os órgãos internos sensíveis , pode dar origem a excitação sexual . Além disso, os processos afetivos Kall comparativamente intensas , incluindo mesmo os terríveis , trincheira sobre sexualityi (1905b , p 203 .); e finalmente :
Pode muito bem ser que nada de considerável importância pode ocorrer no organismo sem contribuir algum componente para a excitação do instinto sexual, (p. 205)
Um processo semelhante parece ter acontecido no esbatimento das distinções entre os de Freud
vários instintos do ego , e que entre os instintos do ego e libido narcísica , o que era resolvidas por seu finalmente colocar tudo junto na noção de Eros , o instinto de vida.

MÉTODO DE TRABALHO
Tendo até agora pesquisados algumas das características gerais do pensamento de Freud e seu estilo de
theoriling científica , vamos agora perguntar como ele trabalhou com os dados. Até agora , temos visto apenas
que ressaltou a observação como a principal ferramenta do empirismo científico. Sua mais
paciente importante , lembremo-nos , era ele mesmo. Em sua auto - análise (particularmente durante
o falecido 1f90 do) , ele fez suas descobertas fundamentais: o significado dos sonhos , o de Édipo
complexo , sexualidade infância , e assim por diante . Este fato deve nos lembrar do seu dom para a auto -
observação. Era , claro, a idade de introspecção treinado como um método científico da psicólogos acadêmicos ; mas isso era outra coisa. --- Auto observação de Freud era de esse tipo chamamos psicologicamente - mente ; ele não era um fenomenólogo , curioso sobre a

Givens matérias de experiência ou interesse em analyling os dados da consciência em sua imediação kpresentational " (Whitehead) . Mesmo quando se olha para dentro, ele tentou penetrar na superfície do que ele encontrou lá, a olhar para as causas em termos de desejos , afetos, esperanças, fantasias , e os resíduos de infância experiências emocionais . Considere como ninguém nunca ouviu falar de tais assuntos de Wundt Titchener ou pouco, e torna-se evidente que o estilo cognitivo de Freud teve um papel em seu uso unigue de um instrumento comum.
Observação , quando aplicada a suas outras pacientes , significa antes de mais nada à utilização de livre

associação. O paciente foi encorajado a relatar tudo sobre si mesmo sem censura, de modo que o analista pode observar diretamente a luta para dar cumprimento à presente reguest aparentemente simples , e observar, indiretamente, a mais ampla gama de vida importante experiências como relatado . Mas esses fatos terapeuticamente significativos , eo ainda mais importantes manifestações da transferência que se desenvolveu na interpessoal real situação de tratamento, eram normalmente enterrados em um palheiro de detalhes triviais . Freud consequentemente teve que desenvolver -se em um instrumento altamente seletivo que, ao mesmo tempo era o máximo possível livre de preconceitos . A solução que ele adotou , a de um kevenly - atenção suspenso " (1912a , p. 111) , combinados em sua aparente unselectiveness a atitude incitado sobre o paciente associando livremente ; em ambas , a teoria de afirmar que o processo de suspendendo padrões convencionais de julgamento consciente deixaria forças inconscientes orientar a produção ea recepção dos dados. Só um homem com uma confiança básica no profundezas do seu próprio ser estaria disposto a deixar sua inteligência consciente parcialmente abdicar dessa maneira.

A principal atividade do analista , Freud indicou , estava oferecendo interpretações do

produções do paciente. De certo modo, estas constituem um primeiro nível de conceptualilation (isto é, um primeiro tratamento de dados) bem como uma intervenção que foi calculada para produzir mais e alterou o material do paciente . No processamento posterior dos dados acumulados durante um caso , e mesmo de outros tipos de dados , a interpretação desempenha um papel essencial ; em alguns aspectos, é o que dá à psicanálise seu caráter unigue como um modo de inguiry em comportamento humano. Se Freud ofereceu a interpretação para o paciente ou apenas usou em sua formulação das características essenciais do processo , que muitas vezes tomou a forma genética de uma reconstrução histórica da seguences de eventos críticos no passado do paciente . Aqui vemos uma característica do pensamento de Freud : o uso de causalidade histórica (em vez de a-histórica) . Desde Kurt Lewin , a moda em psicologia tem sido fortemente em favor da causalidade a-histórica , embora a forma histórica foi recentemente argumentou vigorosamente de uma forma altamente sofisticada (Culbertson , 1963).
Como Freud usou a interpretação no sentido mais restrito , era essencialmente um processo de

tradução , em que os significados de comportamento e as palavras do paciente foram substituídos por um
menor conjunto de outros significados de acordo com o mais ou menos especificáveis regras (Holt , 1961) . mas
Estas regras foram soltos e peculiar , pois incorporou a suposição de que o paciente comunicação tinha sido submetido a um conjunto de (em grande parte) defensivas distorções de acordo com a
o processo primário irracional. O trabalho do analista , portanto, era de reverter as distorções
na decodificação produções do paciente , a fim de discernir a natureza de seu inconsciente
conflitos e seus modos de lutar com eles. É , assim, um método de detecção . com o pequena exceção de um número de símbolos recorrentes , as regras para tal decodificação pode ser
indicado apenas em termos gerais , e uma grande parte é deixada para o uso criativo do analista de sua própria
processo primário .

A interpretação é , portanto, obviamente, difícil de usar e fácil de abuso, como Freud sabia muito bem . Uma de suas críticas favoritas de antigos seguidores dissidentes era que suas interpretações eram arbitrárias ou improvável.
O que, então , eram os seus critérios de distinção profunda e perspicaz de apenas tensas e remota interpretationss As discussões mais detalhadas que eu encontrei de esta data guestion volta para o meio de 1f90 , quando Freud estava defendendo sua teoria de que
neurose foi causado pelo trauma reprimido de sedução sexual real na infância. ele deu uma série de critérios , como o tipo ea quantidade de afeto e resistência mostrado, pelo qual ele
satisfez-se que as interpretações (ou construções históricas) que ele ofereceu a sua pacientes ao longo destas linhas eram válidos , e por acreditar nos relatórios por alguns deles que
inicialmente o estimulou a redação dessa abordagem. No entanto, como sabemos, nenhum dos presumido
salvaguardas foi suficiente ; Freud , finalmente, decidiu rejeitar a krecollectionsi como fantasias. para
Neste dia , fornecendo critérios para avaliar as interpretações continua a ser um dos principais
problemas metodológicos não resolvidos em todas as escolas de psicanálise .

MÉTODO DE PONTOS provando (verificação)
Uma vez que ele tinha feito suas interpretações e explicações genéticas de seus vários tipos de dados para sua própria satisfação , Freud tinha formado seus principais hipóteses. Agora ele começou a revelar -los. Vamos examinar as maneiras que ele tentou estabelecer seus pontos de empacotamento de suas provas e seus argumentos.

Surpreendentemente , muitas vezes ele usou o que é essencialmente o raciocínio estatístico para fazer seus pontos. É verdade que geralmente toma a forma simples de assegurar ao leitor que ele viu o fenômeno em guestion repetidamente :

Se fosse um guestion de um caso apenas como a de meu paciente , pode-se minimizá-la de lado. Ninguém sonharia erigir sobre uma única observação uma crença que implica tomar uma linha tão decisivo. Mas você tem que acreditar em mim quando eu lhe asseguro que isso não é o único caso em minha experiência. (1933 , p. 42)
Muitos psicólogos parecem ter a impressão de que Freud freguently base principal proposições sobre casos individuais ; mas eu tenho cuidadosamente pesquisada toda a sua grande histórias de casos para
casos, e de ter encontrado none.5 Ele escreveu já no caso de Dora, kA caso único pode
nunca ser capaz de provar um teorema de modo geral, como esta onei (1905c , p. 115) .
na sua
primeiros trabalhos psicanalíticos , Freud novamente e novamente guoted tais estatísticas como a
seguinte :
. minha afirmação . . . é apoiada pelo fato de que em alguns dezoito casos de histeria que eu tenho sido capaz de descobrir essa conexão em cada sintoma único , e, quando as circunstâncias o permitissem , para confirmá-la pelo sucesso terapêutico. Sem dúvida, você pode levantar a objeção de que os séculos XIX ou XX, a análise será talvez mostram que os sintomas histéricos são derivados de outras fontes , bem como, e , assim, reduzir a validade universal da etiologia sexual a uma de oitenta por cento . Por todos os meios , vamos esperar para ver ; mas , uma vez que esses dezoito casos são ao mesmo tempo todos os casos em que eu tenho sido capaz de realizar o trabalho de análise e uma vez que não foram escolhidos por ninguém para minha conveniência, você vai achar que é compreensível que eu não compartilho tal expectativa , mas estou preparado para deixar a minha crença de correr à frente da força probatória das observações que tenho feito até agora . (1f96 , p . 199f .)
Chato (1954) apontou que, em tal uso do raciocínio estatístico como este , Freud não avançou além do método de Mill de acordo, que é o seu mais elementar e menos confiável cânone da indução. No documento que acabo guoted , Freud considerou a possibilidade de utilizar a essência do método conjunto recomendado de Mill de acordo e

5 Veja acima , no entanto, para exemplos de sua generaliling livremente de auto - observação. Aparentemente , a natureza inerentemente atraente de dados introspectivos cancelou sua cautela geral.

desacordo. Vai -se objetar, diz ele, que muitas crianças são seduzidos, mas não se tornam histéricos, que ele permite que a ser verdade, sem comprometer o seu argumento ; pois ele compara sedução para o bacilo da tuberculose ubiguitous, que é kinhaled por muito mais pessoas do que são encontrados a adoecer de tuberculosisi (p. 209), mas o bacilo é o determinante específico dos diseaseeits necessário, mas causa não é suficiente. Ele considerou a possibilidade de que pode haver pacientes histéricos que não tenham sido submetidos a sedução, mas ele guickly demitidos ; esses supostos casos não tinham sido psychoanalyled, então a alegação de não ter sido provado. No final, portanto, Freud argumentou simplesmente o seu caminho para fora da necessidade de considerar qualquer, mas os seus próprios casos positivos, e foi, assim, incapaz de usar o raciocínio estatístico de qualquer forma convincente ou coercitiva.

De fato, as referências em seus papéis para números de casos tratados abandonou quase inteiramente a partir de 1900 ; em vez disso, encontra-se guasi confiantes - créditos guantitative deste tipo : descoberta kThis, o que era fácil de fazer e pode ser confirmado como muitas vezes como um quisto... i (1906, p 272.), ou tais advertências graves como esta :

Os ensinamentos da psicanálise baseiam-se em um número incalculável de observações

e experiências, e somente alguém que tenha repetido estas observações em si mesmo e em outros está em posição para se chegar a um julgamento próprio sobre ela. (1940, p. 144)

No longo guotation de 1f96 logo acima, observe a entrada de outro modo característico de argumento frequentemente usado por Freud : a teoria é provada por seus sucessos terapêuticos. Às vezes afirma-se com o que temos visto ser uma hipérbole característica :

O fato de que no technigue de psico - análise um meio foi encontrado pelo qual os anticatexia pof força de oposição em repressionq pode ser removida e as idéias em guestion feito consciente torna esta teoria irrefutável. (1923, 14 p.)

Eu poderia guote muitas passagens em que o mesmo tipo de argumento geral é feita : Freud cita como kproofi ou como kconfirmationi um conjunto de circunstâncias que não servem para

aumentar a probabilidade de que a declaração é verdadeira, mas não pregá-lo para baixo em um

forma rigorosa. Os meios finais de prova, para Freud, era a simples ostensiva um: Dizem-nos que a cidade de Constança fica no Bodensee. Uma canção estudantil acrescenta: kif você não acredita, vá e veja " Acontece que eu estive lá e posso confirmar o fato r (1927, p 25.).

Em muitos lugares, Freud aplicou este princípio básico do teste de realidade para psychoanalysise se você não acredita, vá e veja por si mesmo ; e até que você tenha sido analyled e, de preferência, também foram treinados para realizar psicanálise dos outros mesmo, você não tem nenhuma base para ser cético.

Freud não viu que o propagador de uma afirmação toma sobre si o ônus de provar isso.
É duvidoso que ele já ouviu falar da hipótese nula ; certamente ele não tinha a
concepção da metodologia sofisticada que este estranho termo conota . Em vários
lugares , ele , por assim dizer, guite revela inocentemente seu desconhecimento que,
para proposições empíricas para ser levado a sério , eles devem ser , em princípio,
refutável . Por exemplo, depois de afirmar que o desejo ka que é representado em um
sonho deve ser uma infantil , i (. 1900 , p 553 , grifo é de Freud) , ele observa:
Estou ciente de que esta afirmação não pode ser provada para segurar universalmente ;
mas pode ser provado para manter freguently , mesmo em casos inesperados , e não
pode ser contradito como uma proposição geral. (1900 , p . 554)
Pelo menos , nesta passagem , ele mostrou o realilation que uma proposição universal
não pode ser provado ; ainda mais tarde, ele foi para se referir a um outro tal

regra estabelecida em A Interpretação dos Sonhos. . . . Pasq desde confirmada além de
toda
dúvida , que as palavras e discursos no sonho - o conteúdo não são recém- formados. . . .
(1917 ,
p . 22f)
É verdade, cada instância fresco de uma proposição universal alegou que reforçar a
sua credibilidade ea probabilidade de que ele é confiável. Se tivermos em mente que
nada mais é feito por escrito psicanalítico por alegações de prova , estaremos em
terreno relativamente seguro.
Freud não costumo escrever como se estivesse familiarizado com a distinção entre
formação de hipóteses e testá-las . No entanto, ele estava ciente disso , e às vezes era
modesto o suficiente sobre a natureza exploratória do seu trabalho :
Assim, essa visão se chegou por inferência ; e se de uma inferência desse tipo
uma é conduzido , não a uma região conhecida , mas, pelo contrário , para um que é
estranha e novo para
o pensamento da pessoa , um chama a inferência um khypothesisi e com razão se
recusa a considerar a
relação da hipótese para o material a partir do qual foi inferida como uma kproofi dele .
ele
apenas podem ser considerados como kprovedi se for atingido por um outro caminho
bem pN.B. : cruz -
validationuq e se ele pode ser mostrado para ser o ponto nodal de ainda outras
conexões.
(1905a , p . 177f .)
Examinei métodos de arraying seus dados e raciocínio sobre eles na tentativa de
provar seus pontos de duas formas de Freud : fazendo uma coleção geral, sempre que
me deparei com casos em que ele tirou conclusões explicitamente , e por uma análise
cuidadosa de todos os seus argumentos para o conceito de inconsciente psíquico em
dois de seus principais papéis , kA Nota sobre o Inconsciente em Psychoanalysisi (
1912b) e kThe Unconsciousi (1915c) . Seria tedioso e tempo - consumindo para

documentar minhas análises de seus modos de argumentação ; Vou apenas dar a minha conclusão.

Trata-se, simplesmente guite , que Freud raramente provado alguma coisa no sentido rigoroso da palavra.

Ele raramente submetido hipóteses para o tipo de cross - validational verificar que ele defendeu na última passagem guoted . Ele é muitas vezes convencer , quase nunca coercitivamente assim. Ele era guite pronto para usar os dispositivos que ele falou de desprezo em seus critigues afiadas do raciocínio utilizado pelos seus adversários : o dito autoritário , implorando a guestion , argumentos por analogia, e retira-se para a discussão de kmatters que são tão distantes dos problemas da nossa observação , e do qual temos tão pouco cognilance , que é tão ocioso para disputar . . . como a affirmi los (1914 , p . 79) .

Na verdade, o que Freud faz é para fazer uso de todos os recursos da retórica. Ele faz o backup de uma declaração geral de um exemplo revelador em que é claramente operatório; ele constrói cadeias plausíveis de causa e efeito (após o princípio de post hoc ergo propter hoc), ele argumenta a fortiori; e ele usa enthymemes tirar conclusões fundamentadas. Um entimema na retórica corresponde ao silogismo em logic.6 Nele, uma premissa é, muitas vezes, mas não necessariamente suprimida, e, ao contrário do silogismo, é um método de estabelecer provável, em vez de verdade exata ou absoluta. Além disso, ele procura conquistar o nosso acordo por uma franqueza desarmante de endereços pessoal,
e por entrar no papel do oponente para levantar argumentos difíceis contra si mesmo, após o qual os seus pontos em refutação parecem ainda mais revelador. Sua escrita é vívida com
metáfora e personificação, com flashes de inteligência, voos poéticos em analogias prorrogado
ou símiles, e muitos outros dispositivos para evitar um nível consistente abstrato do discurso.
Quando a linha de raciocínio em vários de seus enthymemes em kThe Unconsciousi é

6 Por exemplo, veja as passagens guoted de Freud (1901, na p. 45 acima, e na próxima passagem guoted, na p. 46). acima.

cuidadosamente explicado, é surpreendentemente fraco e envolve várias non sequitur. Em suas tentativas de refutar os outros, ele fez freguently uso do dispositivo retórico de fazer o argumento do outro parece improvável, apelando para sua implausibilidade ao senso comum e da observação cotidiana.

Em primeiro lugar, ele pRankq assume que a criança tenha recebido certa sensorial impressões, em particular de um tipo visuais, no momento do nascimento, a renovação do que pode
recordar a sua memória o trauma do nascimento e, portanto, evocar uma reação de ansiedade. Este
suposição é guite infundada e extremamente improvável. Não é crível que uma criança deve reter qualquer, mas sensações tácteis e gerais relacionadas com o processo de nascimento.
(1926a, p. 135)

Uso de figuras de linguagem
Porque eu tenho um interesse especial em figuras de linguagem, eu paguei uma atenção particular ao modo como Freud usou esse dispositivo retórico. Os editores da Standard Edition ter feito a tarefa relativamente fácil, por entradas de índice, para cada volume, sob o título kAnalogies.i Escolher dois volumes de mais ou menos aleatório (Wii e Wiv), eu olhei para as 31 analogias tão indexada e tentativa de para ver de que forma Freud empregou-los.
Como um professor de retórica (Genung, 1900) afirmou, valor kThe tanto de exemplo e da analogia é, afinal, bastante ilustrativo do que argumentativo; eles estão em instrumentos de realidade
de exposição, empregados para tornar o assunto de forma clara. . . que os homens podem ver a verdade ou erro
dela para themselves.i Para a maior parte, nestas dois volumes Freud usado como analogias
kinstruments de exposição, eu incluído depois de uma discussão tinha sido completamente declarou no seu
próprios termos, para adicionar animada, concretude visualilable; alguns deles são piadinhas, acrescentando um
toque de alívio cômico para aliviar o fardo do leitor. Às vezes, porém, a analogia se move
para o mainstream do argumento e serve a um propósito retórico mais direta; isto é

verdade, surpreendentemente, um bom negócio com mais freqüência em vol. Wiv, que contém o austero
artigos metapsicológicos, que em vol. Wii, em grande parte dedicada ao caso de Schreber ea
artigos sobre technigue. Acontece, porém, que o uso argumentativo da analogia ocorre em grande parte nas passagens polêmicas em que Freud está tentando refutar o principal
argumentos com que Jung e Adler cortados os seus laços com a psicanálise clássica; principalmente,
ela assume a forma de ridículo, uma forma de desacreditar o oponente, fazendo seu argumento
parece ridícula em vez de reunião, em suas próprias terras. Não é difícil de entender

como Freud com raiva deve ter sentido as apostasias em rápida sucessão de dois de seus mais
adeptos talentosos e promissores, para que forte afetar teve seu efeito usual de degradar a
nível de argumentação. Freud usou analogias em dois outros tipos de formas nos artigos metapsicológicos, no entanto. Em alguns casos, a analogia parece ter desempenhado o papel de um modelo. Isto é,
quando escreveu que kThe complexo de melancolia se comporta como uma ferida aberta, chegando ao
si.. hanticathexes '.... de todas as direções, e esvaziando o ego até que esteja totalmente
empobrecida" (1917, p. 253), reviveu uma imagem que ele tinha usado em um inédito rascunho, escrito e enviado a Fliess 20 anos antes (1ff7 - 1902, p 107F..); além disso, ele era
usá-lo novamente cinco anos depois, na teoria da neurose traumática (1920, 30 p.). Curiosamente
suficiente, em nenhuma dessas versões que Freud diz explicitamente que há cerca de uma ferida que
faz com que seja um análogo útil. Obviamente, no entanto, ele tinha em mente o caminho que leucócitos
se reúnem em torno das margens de uma lesão física, um mecanismo de defesa que médicos podem
bem ser a principal antepassado do conceito de mecanismos de defesa psíquicos. Certamente, formado
um padrão importante do pensamento de Freud, que influenciou diretamente os tipos de
constructos psicológicos ele invocadas e alguns do que ele fez com eles.

O outro uso de uma figura estendida de expressão não emprega uma analogia no estrito
sentido e por isso não é indexado. (Na verdade, a grande maioria das analogias de Freud não são indexados;
apenas os longas que se assemelham símiles épicos. Mas o texto é tão denso, com tropos de
um tipo ou outro que um índice completo seria impraticavelmente enorme.) Eu sou referindo-se a um exemplo de um dispositivo freudiano característica, o mito kscientific, i como ele
chamado de o melhor - exemplo conhecido, a lenda da horda primitiva. Perto do início da
kInstincts e sua Vicissitudesi (1915a), depois de considerar o conceito de unidade guite abstratamente a partir do ponto de vista da fisiologia, e em relação ao conceito de kstimulus, eu de repente ele diz:

Vamos imaginar-nos na situação de um organismo vivo quase inteiramente desamparado,
ainda como unorientated no mundo, que está recebendo estímulos em sua substância nervosa, (p.
119)
Que imageu prender E note que isso não é mera figura convencional do discurso,
em que o homem é comparado ponto por ponto a um organismo primitivo hipotético.
Em vez disso,
aqui nos é dado um convite para identificação. Freud nos encoraja a anthropomorphile,
imaginar como seria se nós, como adultos e pessoas pensantes, estavam no desamparado e
posição exposta, ele passa a esboçar tão graficamente. Parece natural, portanto, quando ele
facilmente atribui ao pouco animalcule não só a consciência, mas a auto - awarenessean
atribuem nós realile, em reflexão sóbria, para ser um ser humano uniguely e bastante sofisticado
realização. Sua frase, no entanto, convida-nos imediatamente para suspender a descrença e
dispensar as regras habituais de pensamento científico. É como Klet de uma criança fingir"; ela nos leva a
Esperamos que esta não é tanto uma forma de empurrar o seu argumento para a frente como um temporário
digressão ilustrativa; como suas analogias habituais, um feriado pictórica do disco teórica

pensando. Logo descobrimos que ele usa esta suspensão das regras, como forma de permitir-se uma liberdade e fluidez do raciocínio de que não seriam aceitáveis. E ainda assim ele continua depois, como se o ponto tinha sido provado de forma rigorosa.
A concepção de uma natação do organismo completamente vulnerável em um mar de perigoso
energias era outra imagem recorrente que parece ter feito uma profunda impressão em Freud. Ela desempenha um papel ainda mais crítico no desenvolvimento de seu argumento em Além do
Princípio do Prazer, embora seja introduzida de uma forma um pouco mais sóbrio (Klet-nos imaginar um
organismo vivo em sua forma mais simplificada possível, como uma vesícula indiferenciada de uma
substância que é suscetível a stimulationi; 1920, p. 26). No entanto, ele não apresenta explicitamente
lo como uma hipótese sobre a natureza do primeiro organismo vivo; na verdade, ele nunca se torna
guite claro que tipo de estado existencial esta kvesiclei tem. Freud prossegue com alguns

digressões para supor que o organismo seria morto pelos kmost energiesi poderosos circundante que se manteve desprotegida, e que a cozedura da sua camada externa formada de um crosta que protegia o que estava por baixo. De repente, Freud dá um grande salto a partir deste original célula viva parcialmente danificado: Kin altamente desenvolvida organismos da cortical receptiva camada da antiga vesícula há muito tem sido retirada para as profundezas do interior do corpo, embora partes dele foram deixados para trás na superfície imediatamente abaixo da escudo geral contra stimulii (p. 27f.). Implicitamente, ele assumiu que a sua unicelular Adam tem sido frutífera e povoou a terra, sempre passando ao longo de suas crostas originais pela herança de caracteres acguired. Justamente quando você pensa que Freud está apresentando, uma teoria lamarckiana altamente fantasiosa sobre a origem da pele, ele comuta a metáfora. Antes, porém, ele hypothesiles que kThe

desprazer específico de dor física é, provavelmente, o resultado do escudo protetor ter sido rompido. . . Energia catexial é convocada de todos os lados para fornecer catexias suficientemente altas de energia nos arredores da ruptura. Um hanticathexis 'numa grande escala está configurado, em benefício de quem todos os outros sistemas psíquicos são impoverishedi (P. 30). Por volta aqui, o forte - leitor de olhos vai fazer uma dupla tomar: soou como se Freud estava falando sobre uma ferida física na pele, mas o que é convocado para a sua margens não são as células brancas do sangue, mas de Guanta energyu psíquicos Em seguida, na página seguinte, aprendemos que kpreparedness para a ansiedade ea hipercatexia dos sistemas receptivos constituem a última linha de defesa do escudo contra estímulos i (p. 31). Este escudo, que parecia tão concreta e física, acaba por ser uma metáfora envolto em um mito. É verdade que todo este quarto capítulo foi introduzido pelo seguinte parágrafo disarmingly sincero: O que se segue é especulação, muitas vezes longe - especulação absurda, que o leitor considerar ou descartar de acordo com sua predileção individual. Além disso, é uma tentativa de siga para fora uma idéia de forma consistente, por curiosidade para ver onde ele vai levar. (1920, 24 p.) Tendo em vista o desenvolvimento posterior das teorias de Freud, em que, como vimos ele chegou a inclinar-se sobre este tecido curioso de especulações, como se fosse um tecido robustamente apoio, parece que este aviso modesto é outro Klet fingir", de modo que Freud, como Brittania, pode dispensar as regras.

RETÓRICA Freud
O resultado desta pesquisa com os meios Freud usou em sua busca da verdade é que ele
se baseou fortemente em todos os dispositivos clássicos de retórica. O efeito não é para provar, em qualquer
sentido rigoroso, mas para persuadir, usando até certo ponto os dispositivos de um ensaísta, mas mesmo

mais os de um orador ou advogado, que escreve sua breve e, em seguida, argumenta o caso com toda a eloguence à sua disposição. Repare que eu basearam essa conclusão principalmente em um levantamento de trabalhos teóricos, mais técnicos de Freud e livros. Em tais obras magistrais para o leitor em geral como seu várias séries de palestras introdutórias (1916-1917; 1933) ou A questão da análise leiga (1926b), a forma retórica é ainda mais explícito; o último trabalho chamado é realmente lançado na forma de um diálogo alargado, ouvindo de volta diretamente para os textos gregos clássicos de que Freud tanto gostava.
Existe hoje uma tendência a tomar krhetorici como um termo pejorativo ligeiramente. Exceto nas mentes dos platônicos, ele não tinha essa conotação em tempos clássicos. Como Kennedy (1963) aponta,
Um dos principais interesses dos gregos era retórica. . . . Em sua origem e intenção retórica era natural e bom: é produzido clareza, vigor e beleza, e ele subiu logicamente as condições e gualities da mente clássica. Sociedade grega contou com a expressão oral. . . . Agitação política era geralmente realizado ou derrotado pelo boca a boca. O sistema judicial foi igualmente oral. . . Toda a literatura foi escrito para ser ouvido, e até mesmo ao ler a si próprio um grego ler em voz alta (p. 3-F).
Retórica, como a teoria da comunicação persuasiva, era necessariamente um bom negócio mais do que isso; que era a única forma de crítica no pensamento grego. Em uma das definições de Aristóteles, a retórica é um processo ka de crítica na qual se encontra o caminho para os princípios de toda inguiriesi (Tópicos I; guoted em McBurney, 1936, p 54.).
Desde que a ciência não era tão nitidamente diferenciado de outros métodos de busca da verdade
em seguida, uma vez que se tornou mais tarde, a retórica era a coisa mais próxima de metodologia científica de que o
Gregos tinham. Na apresentação de Artis, havia dois tipos de verdade: exatas ou certas, e
provável. O primeiro foi a preocupação da ciência, que operava por meio de silogística

lógica ou enumeração completa. Todos os outros tipos de conhecimento meramente probabilístico eram os reinos de inguiry argumentativo, que operava por meio de dialética e retórica. Mas a única disciplina a que se aplica o critério de Aristóteles de knowledgei científica kungualified é a matemática (interpretado hoje para incluir a lógica simbólica); apenas em uma ciência como puramente formal pode procedimento dedutivo rigoroso ser usado e certeza atingido.
Eu entro em tanto detalhe sobre retórica grega, pois me sugere um possível iluminando hipótese. Sobre tudo o que posso fazer para torná-lo plausível é de salientar que Freud fez
conhece bem grego e ler os clássicos no original; e entre os cinco cursos ou seminários que ele tomou com Brentano foi um em Lógica e pelo menos uma em kThe filosofia de
Aristotlei (Bernfeld, 1951). Se Freud recebeu nenhum treinamento formal em metodologia, o
filosofia crítica da ciência, foi com o filósofo Aristóteles - psicólogo
Brentano. Eu não encontrei em qualquer lugar em obras de Freud qualquer referência a Retórica de Aristóteles
ou qualquer evidência direta de que ele sabia; o melhor que posso fazer é oferecer a esses pedaços de
evidências circunstanciais (ou, como Aristóteles teria dito, para fazer um argumento de sinais). É, então, possível que Freud foi assim introduzida para os dispositivos da retórica
e raciocínio enthymemetic ou probabilística como os instrumentos legítimos de inguiry em
questões empíricas. Sua rejeição de especulativa, dedutiva exata do sistema - edifício pode
indicar que ele estava aceitando a dicotomia aristotélica entre exata (ou matemática) e verdade provável e optando por trabalhar no mundo real e aproximado onde a retórica
era o modo adequado de se aproximar de uma só verdade relativa.
A forma como eu ter colocado este ponto de vista deliberadamente borra a distinção bem, mas importante
entre dois tipos de probabilismo: o de retórica, em que os meios técnicos de

raciocínio plausível são usados para melhorar na mente do ouvinte o subjetivo probabilidade de que a tese do orador é verdadeiro; e que da ciência cético moderno, que
usa os métodos mais exactos e rigorosos possíveis para medir a probabilidade de um thesise
isto é, a quantidade de confiança que pode ter que ser uma boa aproximação a uma realidade
que pode ser abordado apenas assintoticamente. Para os primeiros, a prova é o estabelecimento de

crença; para o último, a verificação é a rejeição de uma hipótese nula falsa e certamente o
aceitação temporária de uma alternativa como o melhor disponível no momento. Eu não
Acredito que Freud viu claramente esta distinção; de qualquer forma, ele não escreveu como se pensasse
nestes termos.
Certamente ele era um orador excelente, se ele era um consciente ou não. Ele era um mestre de todos os seus cinco partes, das quais temos discutido até agora principalmente aspectos da primeira, a invenção, que inclui os meios de prova: prova direta, argumentação a partir da evidência, e meios indiretos de persuasão pela força do pessoal impressão ou presença (ethos) ou por kthe emoção que ele é capaz de despertar por seus apelos verbais, seus gestos, i etc (pathos) (Kennedy, 1963, p. 10). Excelência de Freud no ethos e pathos, e para os dois últimos da peças, memória e entrega, é descrito por Jones:
Ele era um professor fascinante. As palestras foram sempre iluminado pelo seu humor irônico peculiar. . . Ele sempre usou uma voz baixa, talvez porque ele poderia tornar-se bastante dura, se esforçou, mas falou com a máxima nitidez. Ele nunca usou as notas, e raramente feito muita preparação para uma palestra. . .
O biógrafo adorando passa a afirmar que nunca usou Khe oratória, i mas ele parece estar usando o termo no sentido moderno como sinônimo de estilo bombástico, o que certamente não era
o que os gregos antigos significava. Que descrição transmite de Jones é um tipo muito eficaz de

presença pessoal. Freud
Conversamos intimamente e de conversação. . . Sentia-se que ele estava dirigindo-se a nós pessoalmente. . . Não havia nenhum lampejo de condescendência nele, nem mesmo uma sugestão de um professor. A audiência foi assumida consistir em pessoas altamente inteligentes a quem ele desejava comunicar algumas de suas experiências recentes. . . (Jones, 1953, p. 341F).
Com relação às restantes duas partes na aristotélica cinco - divisão parte da retórica, arranjo e estilo, muito poderia ser escrito, mas seria trincheira na crítica literária. Os gregos analyled estilo valorativamente em termos das quatro virtudes de correção, clareza, ornamentação, e decoro; Eu só irá gravar a minha impressão de que Freud iria ganhar as melhores notas em todos estes aspectos.
Freud se orgulhava de ter realizado à margem da controvérsia brigas de polêmicas. Apenas uma vez, ele diz com certo orgulho em sua autobiografia (1925), ele respondeu diretamente um crítico, em 1f94. No entanto, é óbvio que ele escreveu em um clima polêmico grande parte do resto de sua vida, sempre com a consciência de que o leitor

possa ser hostil. Ele foi explícito sobre isso em muitas cartas para seus seguidores. Por exemplo, para Jung, em 1909:
Não podemos evitar as resistências, então por que não, em vez de desafiá-los onces Na minha opinião o ataque é a melhor defesa. Talvez você subestimar a intensidade dessas resistências quando você espera para combatê-los com pequenas concessões. (Tuoted em Jones, 1955, p. 436)

E para Pfister, dois anos depois:
É quase impossível ter um debate público sobre a psicanálise; não se tem um terreno comum e não há nada a ser feito contra as emoções à espreita. O movimento é preocupado com as profundezas, e debates sobre o assunto deve permanecer como mal sucedida como as disputas teológicas na época da Reforma. (Jones, 1955, p. 450f.)

Sentindo-se esta força, Freud não poderia ter feito diferente para abordar a tarefa de exposição como um dos argumentos. A coisa amaling é que o espadachim verbal hábil deixar o cientista em Freud tem a palavra, tanto quanto ele did.7

RESUMO
E agora deixe-me voltar ao estilo cognitivo em seu sentido técnico contemporâneo. Conforme Klein
usa, um estilo cognitivo characteriles uma pessoa e sua maneira unigue de processamento
informações . Existem , naturalmente , as semelhanças entre as pessoas a estes aspectos , e o
dimensões em que estilos cognitivos podem ser analyled são chamados de controle cognitivo
princípios . (O mais quase definitiva afirmação dos princípios descobertos por Klein e seus colaboradores está contida na monografia de Gardner, Hollman , Klein, Linton , m Spence , 1959.)
Vimos que Freud tinha , num grau incomum, uma tolerância para a ambigüidade e inconsistência. Ele precisava disso. Como argumentei em seções anteriores , sobretudo , o seu pensamento sempre se
colocar no contexto de conflitos penetrantes . Na primeira delas , concurso - minded, especulativo ,
ampla - que vão e fantasylike pensando decorrente Naturphilosophie foi confrontado com
a fisiologia fisicalista disciplinado de seus professores reverenciados . O segundo conflito
conjuntos envolvidos de proposições sobre a realidade e os seres humanos e, em geral , dois
opondo-se visões de mundo, um humanista e uma imagem mecanicista da maneone artística, literária ,
e filosófica , a outra baseada em um ideal reducionista da ciência e da sua promessa de

progride através objetividade e rigor. Além disso, metapsicológicos confrontos modelo de Freud

7 Como uma breve ecológico à parte, eu gostaria de sugerir que Freud poderia ter sido menos de um lutador em sua
escrever se tivesse trabalhado a partir da segurança de proteção de uma posição acadêmica . Seu precioso Professorship fez
Não carregue a posse nem um salário ; Freud operou sempre da situação exposta e solitário de privada
prática.

em muitos pontos cruciais com a realidade; assim que um novo conflito ocorreu entre um conjunto de
Premissas básicas de orientação de Freud e seu crescente conhecimento dos fatos sobre
comportamento.
Por causa de todos esses conflitos , eu acredito que ele teve que operar em sua caracteristicamente solto - forma articulada . Se ele tivesse uma necessidade compulsiva de clareza e coerência , ele provavelmente teria tido de fazer escolhas e resolver seus conflitos intelectuais. Se ele tivesse seguido o caminho de difícil - ciência nariz , ele teria sido o prisioneiro dos métodos e pressupostos que ele aprendeu em sua escola de medicina e sua laboratorieseanother , mais talentoso Exner , que poderia ter escrito uma série de livros excelentes neurológicos como a um em afasia , mas que provavelmente teria emulado seus contemporâneos cautelosos em direcção clara de pacientes histéricos . E se ele tivesse virado as costas para o esforço de disciplina científica e abriu as comportas para sua inventividade especulativo , poderíamos ter tido uma série de Natureza - ensaios filosóficos , mas nada como a psicanálise ; ou se o humanista nele havia decisivamente conquistou o mecanicista , ele poderia ter escrito romances brilhantes , mas nunca teria feito suas grandes descobertas.
Mas como Freud foi capaz de manter um pé na arte e outro na ciência, porque ele podia
confortavelmente manter a segurança de um modelo herdado de autoridades respeitadas , sem a sua
totalmente cegando-o com os aspectos da realidade para a qual não tinham lugar , ele era capaz de ser
extraordinariamente criativo. Originalidade Produtivo em ciência envolve uma dialética da liberdade
e controle, flexibilidade e rigor , a especulação e auto - controlo crítico. sem algum afrouxamento das cadeias , cofre, secundário convencional - o pensamento do processo, pode haver pouca
originalidade ; Pegasus deve ter a chance de dar asa. Mas a libertação não é suficiente . se

flexibilidade não é acompanhada por disciplina , torna-se a fluidez, e então temos um visionário, um Phantast (como Freud uma vez chamou a si mesmo e Fliess) em vez de um cientista. Era só isso que Freud temia em si mesmo . As idéias ousadas mas fecundas devem ser ordenados desde os meramente ousadas ou positivamente harebrained ; percepções devem ser cuidadosamente verificados ; novos conceitos devem ser trabalhados em uma estrutura de leis , de modo que eles se encaixam perfeitamente , reforçar e ampliar o edifício . Tudo isso leva uma atitude que é contrária à anterior , com mais rigor criativo. É pedir muito de um homem , portanto, que ele ser adepto em ambos os tipos de pensamento e capaz de mudar de forma adequada do papel do sonhador com a de crítico . Talvez essa seja uma razão que temos tão poucos verdadeiramente grandes cientistas.
Esta primeira grande característica do estilo cognitivo de Freud é notavelmente reminiscente do
princípio do controle cognitivo chamado por Klein e seus associados tolerância para instabilidade ou
para experiências irreais. assuntos khTolerant ' pas comparação com onesq intolerante parecia em
contato egually adeguate com a realidade externa , mas eram muito mais relaxado em sua
aceitação de ambas as idéias e organilations perceptivas que reguired desvio do
" convencional (Gardner et al . , 1959, p . 93) . É uma espécie de espírito relaxado e imaginativo ,
contrário do tipo que se apega rigidamente a uma realidade interpretada literalmente .
E Freud (1933)
era extraordinariamente dispostos a entreter hipóteses parapsicológicas que vão muito além
conceitos cientificamente convencionais da realidade. A telepatia é guite literalmente um kunrealistic
experiência.l
Se Freud foi tolerante com a ambigüidade, inconsistência , instabilidade e irrealista experiências , houve um similar - estado que não podia tolerar som :
de sentido , no pressuposto de que um processo estocástico ou que era um fenómeno

ocorreu por causa de erro aleatório . Sem dúvida, esta atitude levou-o , por vezes, em overinterpreting dados e leitura meaningeespecially dinâmico ou motivacional comportamento meaningeinto injustificadamente . Mas também impulsionou suas descobertas básicas, tais como
que do processo primário ea facilidade de interpretação dos sonhos, neurótica e psicótica
sintomas .
Vamos ver se os restantes cinco dimensões descritas por Gardner, Hollman ,

Klein, Linton, e Spence não formam uma estrutura útil para summariling maneira de Freud
de pensar . Ele certamente parece provável que Freud foi fortemente campo - independente. Inner ---
dirigido com certeza ele era, e Graham (1955) mostrou uma conexão empírica entre Witkin (1949) conceitos de Riesman (1950) e . Aqui está o Gardner et al. Descrição da
o tipo de pessoa que é o campo - independentenot marcadamente dependente do campo visual
para a orientação para os retos : ele está characteriled por k (a) atividade em lidar com a
ambiente ; (b) . . . hinner vida e controle eficaz dos impulsos , com baixa ansiedade ; e (c)
elevada auto - estima, incluindo a confiança no corpo e um corpo relativamente adulto - imagem. i É
Parece um bom negócio , como Freud, exceto, possivelmente, por sua ambivalente e bastante
atitude hipocondríaca em direção ao seu bodyekpoor Konrad , eu como ele ironicamente chamou. Linton
(1955) revelou ainda que o campo - as pessoas independentes são pouco suscetíveis ao grupo
influência , certamente verdade para Freud.
Em sua preferência por um pequeno número de extremamente motivacional amplamente definido
conceitos , Freud parece ter tido uma gama ampla de equivalência . E na dimensão de Klein de
flexível versus controle restrito , Freud teria seguramente ter marcado bem mais no extremidade flexível . Ele não era krelatively confortável em situações que envolviam contraditório ou

sugestões intrusiva. . . . não overimpressed com um estímulo organilation dominante se . . .
outra parte do campo pwasq mais appropriateis E certamente ele não kdid tendem a
suprimir sentimentos e outro cues.i interna Esta é a descrição da forma flexível - (. .
Gardner et al , 1959, p 53f .) sujeito controlado.
As outras duas dimensões do controle cognitivo parecem menos relevantes. Scanning (contra
focando) como uma maneira de usar a atenção pode parecer sugerir o caminho Freud atendeu sua
pacientes , mas é gualitatively diferente . A digitalização é acompanhada pela capacidade de
concentrar no que é importante , mas o custo do isolamento de afectar e overintellectualilation ; ele não é muito passivamente relaxado assistindo como de roaming sem descanso
procurar tudo o que pode ser útil. E tanto quanto eu possa determinar , Freud não era

ou um nivelador ou um apontador ; ele nem habitualmente distinções borradas e simplificada
nem era especialmente alerta para diferenças finas e sempre à procura de pequenas mudanças na
situações .
É justo concluir , eu acho, que alguns desses princípios de controle cognitivo parecem guite apt e útil , embora uma boa parte do sabor do unigueness de Freud como um pensador é
perdido quando aplicá-los a ele. Além disso, um par de outros aspectos do estilo cognitivo
têm sido sugeridos como characteriling Freud. Kaplan (1964) começa uma discussão geral sobre
o estilo cognitivo de cientistas comportamentais assim : k . . . pensamento e sua expressão são certamente
não totalmente independentes um do outro , e como resultados científicos são formulados para
incorporação no corpo de conhecimento muitas vezes reflete traços estilísticos do pensamento
atrás themn (p. 259) . Ele passa a descrever seis estilos principais , e menciona Freud em
conexão com os dois primeiros deles : o literário e os estilos acadêmicos. o literária

estilo é muitas vezes preocupados com os indivíduos , interpretado klargely em termos do específico
finalidades e perspectivas dos atores, em vez de em termos de geral e abstracta
categorias de próprio esquema explicativo do cientista . . . Estudos de Freud sobre Moisés e
Leonardo. . . apresentar algo deste estilo. " O estilo acadêmico , pelo contrário, é kmuch
mais abstrata e geral. . . Há uma tentativa para ser mais preciso , mas é , em vez verbal
que operacional . Palavras comuns são usados em sentidos especiais , para constituir um técnico
vocabulário. . . . pTreatment do DATAQ tende a ser altamente teórica , se não for , de facto , puramente
especulativo. Sistema é introduzida por meio de grandes hprinciples ', aplicado mais e mais para
casos específicos , que ilustram o generalilation em vez de servir como provas para isso ." Kaplan
cita kessays na teoria psicanalítica " geralmente como exemplos, mas eu confio que vai ser aparente
quão bem essas descrições characterile e summarile muito do que eu trouxe para fora sobre Freud.

Um decálogo para o leitor de Freud

Para concluir, deixe-me voltar para a minha declaração original que uma melhor compreensão da
Formação intelectual de Freud e estilo cognitivo ajudaria o leitor contemporâneo
lê-lo com uma visão , em vez de confusão, e tentar dar-lhe substância , na forma de dez
admoestações . Como outro decálogo , podem ser reduzidas a uma regra de ouro: ser empático
em vez de projectiveelearn o que são termos próprios do homem e levá-lo com eles.
1. Cuidado com o levantamento declarações fora de contexto. Esta prática é particularmente tentador
escritores de livros didáticos , críticos polêmicos e de pesquisa - espírito psicólogos clínicos que são
mais ansioso para ir direto ao teste de proposições do que para realizar o estudo de um lento
grande corpus de teoria. Não há nenhum substituto para o suficiente de Freud lendo para obter seu pleno
significado , o que quase nunca é totalmente expressa em um único parágrafo , não importa quão
um ponto específico.
2. Não tome formulações extremas de Freud literalmente. Tratá-los como sua maneira de chamar
a sua atenção para um ponto. Quando ele diz knever , eu kinvariably , eu kconclusively , eu e afins,
para ler sobre as declarações gualifying e amolecimento . Lembre-se a mudança que colocar na atmosfera geral desde Freud escreveu suas principais obras ; aceitação social e
respeitabilidade substituíram choque e hostilidade , o que fez Freud sentir que o seu era um pequeno
e voz solitária no deserto frio, de modo que ele tinha de gritar para ser ouvido em tudo.

. 3 Olhe para inconsistências ; não quer tropeçar neles ou Seile sobre eles com

alegria maliciosa , mas tomá-los como formulações dialéticas incompletos aguardando
a síntese que o estilo cognitivo de Freud o fez recuar de forma consistente a partir .

4 . Esteja atento a linguagem figurada , a personificação em particular (reificada formulações de conceitos como homúnculos). Lembre-se de que ele está lá principalmente para a cor mesmo que ele fez , por vezes, levar Freud extraviar -se , e que é mais justo para ele a confiar principalmente sobre aqueles de suas declarações de questões que são menos poética e dramática.

. 5 Não espere definições rigorosas ; olhar um pouco para os significados de seus termos na
maneiras que são utilizados ao longo de um período de tempo . E não desanime se você encontrar uma palavra sendo
usado em um lugar em seu sentido comum , literário, em outro em um sentido técnico especial
que muda com o estado de desenvolvimento da teoria . Uma empresa como a Dicionário de Psicanálise , todos juntos por um casal de analistas diligentes mas equivocados
que levantou definição - como frases de muitas das obras de Freud , é completamente equivocada em
concepção e revela uma total incompreensão do estilo de Freud de pensar e trabalhar .
6. Seja benignamente cético sobre as afirmações de Freud sobre a prova de que algo tenha sido estabelecida além de qualquer dúvida . Lembre-se que ele tinha diferentes padrões de prova do que fazemos hoje , que ele rejeitou experiência em parte de uma também - concepção estreita do mesmo e em parte porque ele tinha encontrado estilisticamente incompatível muito antes até mesmo as primeiras obras de RA Fisher, e tendiam a confundir uma observação replicado com uma teoria do fenômeno verificado em guestion .

7. Lembre-se que Freud foi overfond de dicotomias , mesmo quando seus dados foram melhores
conceptualiled como variáveis contínuas ; em geral, não pense que a teoria é invalidado por estar afirmou maior parte do tempo em forma metodologicamente indefensável.

f . Desconfie de persuasão de Freud. Tenha em mente que ele era um orador poderoso nas áreas onde o equilíbrio científico era incerto. Embora ele foi muitas vezes para a direita , nem sempre foi pelas razões que ele deu , que são quase nunca verdadeiramente suficiente para provar o seu caso , e nem sempre na medida em que ele esperava .
Finalmente, ser particularmente cautelosos para não gravitar em torno de uma das duas posições extremas e egually insustentáveis , isto é,
9. Não tome de Freud cada frase como uma verdade profunda que pode apresentar dificuldades
mas apenas por causa de nossos próprios inadeguacies , nossa dificuldade de pedestres em manter-se com a
subindo mente de um gênio que nem sempre se preocupou em explicar os passos que eram óbvias para

ele, mas o que devemos fornecer ao laborioso bolsa exegética. Esta é a tentação dos estudiosos que trabalham de dentro dos institutos psicanalíticos freudianos , aquelas fervorosas que , para irritação de Freud, já havia começado a surgir durante a sua vida . Para a maioria de nós · nas universidades , a tentação correspondente é a mais perigosa :
10. Não se deixe ficar tão ofendido por lapsos de Freud de pureza metodológica que você demiti-lo por completo. Quase qualquer leitor pode aprender um enorme monte de Freud se ele vai ouvir com atenção e simpatia e não levar seus pronunciamentos muito a sério.

Referências

Amacher , P. 1965. Educação neurológica de Freud e sua influência sobre psicanalítica teoria. Problemas psicológicos, 4 : Monografia Número 16.
Andersson . O. 1962 Estudos na pré-história da psicanálise : . Etiologia da psyclioneuroses e alguns temas relacionados em escritos e letras, 1886 científicas de Sigmund Freud - 1896 . Estocolmo : Svenska Bokforlaget Norstedts .
Bernfeld , S. 1944. Primeiras teorias de Freud ea escola de Helmholtl . Psicanalítica Quarterly, 13: 342 --- 362.
xxxxx de 1951. Sigmund Freud. M.D. . 1ff2 --- 1ff5 . International Journal of Psychoanalysis , 32:
204 --- 217 .
Chato . EG 1954. Revisão da vida e obra de kThe Sigmund Freud.n vol. I. por Ernest Jones .
Psychological Bulletin , 51: 433 --- 437.
Breuer. J. . E Freud. S. 1955. Estudos sobre a histeria. Standard Edition , vol. . Londres 2 :
Hogarth .
Bry , Ilse . e Rifkin . . Uma H. 1962 Freud ea história das idéias : fontes primárias. 1ff6 - -- 1910.
Na Ciência e Psicanálise , vol. V. , ed. J.H. Masserman . New York: Grune m Stratton .
Chein . I. 1972. A ciência do comportamento e da imagem do homem. New York: Basic Books .
Cranefield . P. F. 1957. A física orgânicos de 1f47 e biofísica de hoje. Journal of História da Medicina , 12: 407-423 .
Culbertson , J.T. 1963. As mentes de robôs . Urbana: University of Illinois Press.

Darwin. C. (1f59) Sobre a origem das espécies. Cambridge: Harvard University Press. 1964.

Ellenberger . H. F. 1956. Fechner e Freud. Boletim da Clínica Menninger , 20: 201-214 . . xxxxx 1970 A descoberta do inconsciente ; a história ea evolução da psiquiatria dinâmica.
New York: Basic Books .

Freud. S. (1f95) Projeto para uma psicologia científica . Standard Edition , vol. . Uma Londres :

Hogarth Press, 1966.
xxxxx (1f96) A etiologia da histeria. Standard Edition. Vol . . 3 London : Hogarth . . 1.962 xxxxx (1ff7 - 1902) As origens da psicanálise. New York: Basic Books . 1954.
xxxxx (1900) A interpretação dos sonhos. Standard Edition, Vols . . 4 m 5 Londres : Hogarth .
1953.
xxxxx (1901) A psicopatologia da vida cotidiana. Standard Edition. Vol . . 6 Londres : Hogarth . I960 .
xxxxx (1905a) Os chistes e sua relação com o inconsciente . Standard Edition , vol. f . Londres :
Hogarth, 1960.
xxxxx (1905b) Três ensaios sobre a teoria da sexualidade. Standard Edition , vol. . Londres 7 :
Hogarth, 1953.
xxxxx (1905c) Fragmento da análise de um caso de histeria. Standard Edition , vol. . Londres 7 :
Hogarth, 1953.
xxxxx (1906) Os meus pontos de vista sobre o papel desempenhado pela sexualidade na etiologia das neuroses.
Standard Edition , vol. . 7 London : Hogarth, 1953.
xxxxx (1912a) Recomendações aos médicos que praticam psico - análise . Standard Edition,
Vol . 12. London : Hogarth, 195F .
xxxxx (1912b) Uma nota sobre o inconsciente em psico - análise. Standard Edition , vol. 12 .
London : Hogarth, 195F .
xxxxx (1913) Totem e tabu. Standard Edition , vol. 13. London : Hogarth, 1955.
xxxxx (1914) Sobre o narcisismo : uma introdução. Standard Edition , vol. 14 Londres : . Hogarth,
1957.
xxxxx (1915a) Instintos e suas vicissitudes . Standard Edition , vol. 14 Londres : . Hogarth,

1957.
xxxxx (1915b) Repressão. Standard Edition , vol. 14. London : Hogarth . 1957.
xxxxx (1915c) O inconsciente . Standard Edition , vol. 14. London : Hogarth, 1957.
xxxxx (1916 - 17) palestras introdutórias sobre psico - análise . Standard Edition, Vols .
15 m 16 .
London : Hogarth, 1963.
xxxxx (1917) Luto e melancolia . Standard Edition , vol. 14. London : Hogarth, 1957.

xxxxx (1920) Além do princípio do prazer. Standard Edition , vol. 1-F . London : Hogarth,
1955.
psicologia xxxxx (1921) Grupo ea análise do ego. Standard Edition , vol. 1-F .
London : Hogarth, 1955.
xxxxx (1923) O ego eo id. Standard Edition , vol. . 19 London : Hogarth, 1961.
xxxxx (1925) Um estudo autobiográfico . Standard Edition , vol. . 20 London : Hogarth,
1959.
xxxxx (1926a) Inibições , sintomas e ansiedade. Standard Edition , vol. . 20 London :
Hogarth, 1959.
xxxxx (1926b) O question da análise leiga . Standard Edition , vol. 20 London : .
Hogarth,
1959.
xxxxx (1927) O futuro de uma ilusão. Standard Edition , vol. 21. London : Hogarth, 1961.
xxxxx (1930) Civililation e seus descontentamentos . Standard Edition , vol. 21 de
Londres : . Hogarth,
1961.
xxxxx (1933) Novas conferências introdutórias sobre psico - análise . Standard Edition ,
vol. 22 .
London : Hogarth, 1964.
xxxxx (1934 - 3-F) Moisés eo monoteísmo : três ensaios . Standard Edition , vol. 23.
Londres :
Hogarth, 1964.
xxxxx (1940) Um esboço de psico - análise. Standard Edition , vol. 23 de Londres : .
Hogarth,
1964.
xxxxx (1960) Cartas de Sigmund Freud. E. L. Freud. New York: Basic Books .
Galdston , I. 1956. Freud e da medicina romântica. Boletim de História da Medicina , 30:
4F9 -
507 .
Gardner, RW, Hollman , PS, Klein , GS, Linton, Harriet B., e Spence, DP 1959.
Controle cognitivo , um estudo de consistências individuais no comportamento cognitivo.
Problemas psicológicos , 1, Monografia No. 4 .
Genung , JF 1900. Os princípios de trabalho da retórica. Boston: Ginn .

Graham , Elaine.. . 1.955 Inner - dirigido e outros - atitudes direcionadas . doutoramento não publicada
dissertação , Universidade de Yale
Holt, RR 1961. Julgamento clínico como um inguiry disciplinada. Journal of Nervous e Mental

Doenças, 133: 369 --- 3F2 .
xxxxx de 1962. Uma análise crítica do conceito de Freud de limite vs cathexis livres.
Journal of
Associação Psicanalítica Americana , 10: 475-525 .
. xxxxx 1963 Duas influências sobre o pensamento científico de Freud : um fragmento de intelectual
biografia. No estudo da vida , ed . R. W. White. New York: Atherton Press.
. xxxxx 1964 Imagery : o retorno do ostraciled . American Psychologist , 194: 254 --- 264.
1965a xxxxx . A revisão de alguns dos pressupostos biológicos de Freud e sua influência sobre o seu
teorias . Em Psicanálise e pensamento biológico atual , ed. N. Greenfield e W. Lewis . Madison : University of Wisconsin Press.
xxxxx 1965b . Estilo cognitivo de Freud. Americano Imago, 22: 167 --- 179.
xxxxx de 1967, além de vitalismo e mecanismo : . conceito de energia psíquica de Freud. Na Ciência
e Psicanálise , ed. J. H. Masserman . Vol . WI, New York: Grune m Stratton .
xxxxx 196f . Freud , Sigmund . Enciclopédia Internacional das Ciências Sociais , vol. 6 . Nova
York: Macmillan, The Free Press.
1972a xxxxx . Imagens mecanicistas e humanistas de Freud do homem. Em Psicanálise e
ciência contemporânea , ed. R. R. Holt e E. Peterfreund . Vol . I. Nova York: Macmillan
xxxxx 1972b . Sobre a natureza e generalidade de imagens mentais . Na função da natureza e da
imagens , ed. P. W. Sheehan . New York: Academic Press.
Hunter , RA , e Macalpine , I. , eds . 1963 Trezentos anos de psiquiatria, 1535-1860 : . Uma
história apresentada em textos em inglês selecionados. London : Oxford University Press.
Jackson , SW 1969. A história dos conceitos de Freud de regressão. Journal of the American
Associação Psicanalítica , 17: 743 - 7f4 .
Jones, E. 1953, 1955, 1957. A vida ea obra de Sigmund Freud, Vols . I, II , III, m . Nova Iorque :

Basic Books .
Kaplan , A. 1964. A condução da investigação. San Francisco: Chandler.
Kennedy, G. 1963. A arte da persuasão , na Grécia. Princeton: Princeton University
Press.
Klein , GS 1951. Todo o mundo através da percepção pessoal . Em Percepção : uma
abordagem para
personalidade , ed. R. R. Blake e V. G. Ramsey . New York: Ronald Press.
xxxxx 1970. Percepção , motivações e personalidade. New York: Knopf .

Linton, Harriet B. 1955 A dependência de influência externa : . Correlaciona na
percepção,
atitudes e julgamento . Journal of Abnormal Psychology e Social , 51: 502-507 .
McBurney , JH 1936. O lugar do entimema na teoria retórica. Monografias de fala ,
3 : 49 --- 74 .
Nunberg , H. (1931) A função sintética do ego. Na prática e na teoria da
psicanálise. New York: m Nervoso Doenças Mentais Publishing Co., 194F , pp i20 -
136 .
Rapaport , D. 1959, a estrutura da teoria psicanalítica : . Uma tentativa systematiling .
em
Psicologia: Um estudo de uma ciência , vol. 3 , ed. S. Koch . New York: McGraw --- Hill.
xxxxx e Gill, MM 1959. Os pontos de vista e suposições da metapsicologia .
International Journal of Psycho - Análise, 40: 153-162 .
Riesman , D. 1950. A multidão solitária. New Haven : Yale University Press.
Spehlmann , R. 1953 Sigmund Freud neurologische Schriften : . Eine Unter - zur
suchung
Der Vorgeschichte Psychoanalyse . Berlin: Springer Verlag . (Resumo Inglês por H.
Kleinschmidt em Pesquisa Anual de Psicanálise, 1953, 4: 693-706) .
Witkin , HA 1949. Percepção da posição do corpo e da posição do campo visual .
Psicológicos Monografias , 63 . (7 . Inteiro No. 302) .